LINGALA-ENGLISH

ENGLISH – LINGALA

MODERN

DICTIONARY

By

Bepona Collection, New York, USA

PART I   *BeponaBooks*   L I N G A L A

LINGALA-ENGLISH

ENGLISH – LINGALA

MODERN

DICTIONARY

By

Bepona Collection, New York, USA

ISBN: 978-0-9960726-1-8

Printed in the United States of America

PREFACE

LINGALA-ENGLISH DICTIONARY has been prepared especially for those who need a version of up-to-date guide to Modern Lingala. It contains words or phrases that are used in everyday life. Modern Lingala has borrowed many words from the French language, as well as the technical terminologies and phrases from English language.

LINGALA-ENGLISH DICTIONARY is designed for students who are interested in doing research in Lingala speaking African countries, notably in the Democratic Republic of Congo, in Central African Republic, and in the Republic of Congo (Brazzaville).

This dictionary is also designed for all the African Diasporas who are interested in learning Lingala as a second language. Additionally, this dictionary would be an asset to any business person, as well as to missionaries who are engaged in Missionology or Evangelization field in the above mentioned countries.

Grammatical Information

It is recommended to the user of this dictionary to have a reasonable knowledge of the basic grammar of both languages, English and Lingala.

ABBREVIATIONS -ABREVIATION

Letter U pronounced OO in Lingala

n.	noun
(pl.)	plural noun
(sing.)	singular noun
pr.	pronounced
v.	verb

Prefix "**ba**" (bah)= generally indicates plural of the nouns in Lingala language, ex. mwasi (pr. moo-a-se) (sing.)/woman = basi (pr. bah-se) (pl.)/women.

Prefix "**ma**"(mah) = indicates plural of certain nouns in Lingala, ex:loboko (pr. lo-u-bo-u -koh (sing.)/hand = maboko (pr. mah-bo-u-koh) (pl.)/hands.

LINGALA PHONETICS

PHONETICS of the letter N before the following consonants G, K, J, S, T, Z Lingala pronunciation	
NGO	Ehn –go
NKA	ehn –ka
NSA	ehn-sa
NTA	ehn – ta
NZA	ehn – za
The letter M before consonants P et V	
Mpa	uhm – pa
Mpe	uhm- pe
Mpo	uhm-po
Mpi	uhm-pi

The letter M before consonants P et V	
Mpu	uhm-pu
Mvu	uhm –vu

Example: The correct pronunciation for the names beginning with N and Me followed by another letter (Consonants):

Ndolo -Pronunciation: ehn-doh-loh

Nzanzi – Pronunciation - ehn-zahn-zi

Mpasi - Pronunciation – Uhm- pah-se)

Mbala – Pronunciation – uhm-bah-lah

INTRODUCTION

PRONUNCIATION KEY

a as in   Mama

b as in   Baby

c in Lingala the letter **C** is replaced by
the letter **S,** and **ch** group is replaced by
the **sh** just like in the name **Shaba,** or
tsh just like in the name **Tshote**.
Spelling of the French names or nouns
such as Charles, Charlotte, chauffeur,
chanteur remain the same.

d as in deli

f as in fatigue

g as in guess

h as in harry

i as in if

j as in jean

k as in case

l as in lake

m as in melt

n as in nanny

ng as in singer

ex. ngolu (**uhn**-go-u loo) = power.

nd (pr. uhn-d)

ex. Ndolo (uhn-dolo) n

nk (pr. ehn –k) ex. nkolo (ehn-koh-loh)/ Lord.

mp (pr. uhm-p) ex. mpaka (uhm-pah-kah/old/elder

mb (uhm-b) ex. comb)

mf (uhm-foo - moo) as in Mfumu = king/leader in Kikongo language.

O as in Box

p as in Peper

Q this letter is replaced by k in lingala is replaced is not used.

r, the letter r is used in certain

words borrowed
from the French
language or the
French names.
The common
people replace it
with the letter **l.**
ex. Ruth = Luti

s as in   settle

t as in   tell

u as in   usual

v as in   veto

w as in   well

y as in   yellow

z as in   zebra

A

abaluki (pr. ah-bah-loo-ke) -3rd. pers. sing. past indef. (to turn) = kobaloka)

abeti (pr. ah-bay-te)– 3rd pers. sing. past indef.(to hit/strike = kobeta)

Abidjan = Abidjan - the **capital** of the Ivory Coast (n.)
abimi (pr.ah-be-me)-3rd pers. sing. past indef. (to leave, go out = kobima)

abini-3rd. pers. sing. past indef. (to dance=kobina

abondeli -3rd. pres. sing. past indef. (to pray, beg = kobondela/kosam bela)

abongi-3rd, pers. sing. past. indef. (to improve, to better =
 kobonga)

abongwami (pr.ah-bohn-goo-a-me) – 3rd pers. sing. past indef. (to convert/to change= kobongwana)

aboti (a-boh te)-3rd. pers. sing. past indef. (to

give birth =
kobota)

aboyi-3rd. pers.
sing. past indef.
(to
refuse=koboya
(koh-boh-yah)

Abuja = the
capital of Nigeria

abungi (ah-boon-
ge)– 3rd. pers.
sing. past indef.
(to **disapear** =
kobunga)

Accra = the
capital of Ghana

adindi (pr. ah-de
nde)-3rd. sing.
past indef. (to
sink=kodinda)

afini (to
squeeze/corrupt=a
fini)

afukami — 3rd
sing. past indef.
(to
kneel=kofukama)

akangi -3rd. sing.
past indef. (to tie,
to arrest=)

akangisi – 3rd
pers. sing. past
indef. (to
assemble)

akatisi-3rd pers.
sing. past indef.
(to cross)

akei – 3rd pers.
sing. past indef.
(to go) he/she has
gone

akimi-3rd pers. sing. pres.indef. (to run , run away= kokima)

akoti (v. kokota)-3rd pers. sing. past indef.. (to enter, get in

Antananarine = the capital city of **Madagascar**.

aseki- 3rd. pers. sing past indef. (to laugh, smile = koseka)

asengi-3rd. pers.sing. past indef. (to ask= kosenga)

asepeli = v. kosepela, 3rd. pers.sing. past indef. = He/she satisfied/rejoiced

asokoli- 3rd pers.sing. past indef.(to wash/take a bath = kosokola)

Asmara = the capital city of Eritrea.

asosoli-3rd pers. sing past. indef.(to discern = kososola

aswani-3^{rd pers.} sing past. indef.(to argue/dispute = kuswana

ata eloko te = not even a thing.

atali – 3rd pers. sing.pres. indic. (to look = kotala)
ata bango = not even them

ata bino = not even you

atalisi-3rd pers. sing. past. indef. (to show to others = kotalisa

ata litanga ya mayi te = not evern a drop of water.

ata mayi ya komela = not even a drink of water.

ata moke = not even a little bit

ata koseka = not even a smile

ata kotala = not even a look

atandele = one of these days/in the long run.

ata ye = not even her

ata ye = not even him

ata yo = even you

atangi, v. kotanga, 3rd pers. past. indef. = to read

atangisi- - v. kotangisa, 3rd pers. sing. past indef. = to **teach.**

atatoli- 3rd pers. sing past. v. **kotatola** = he/she testified

atekisi, v. kotekisa/ to sell pers. sing past./he/she sold

ateli-3rd pers. sing past. indef. (to clear up - britten = v.kotela

atiaki (pr. ah-te-ah-ke)- 3rd pers. sing. past indef. (to put = kotia)

atindiki- . 3^{rd pers.} sing. past. indef. (to push = kotindika) atoki-3rd pers. sing. past. indef. (to sweat)

atomboki- - 3rd pers.sing. past indef. (to be furious = kotomboka) atomboki (ato-mbo-u-ke) =to be annoyed

atomboli-3rdpers. sing. past. indef. (v. to lift, raise=kotombola)

atondi – 3rd pers. sing. past. indef. (to be full/food=kotonda)

atongi—3rd pers.sing. past. indef. v. gossip

atumbi = v. kotumba/to burn, 3rd. pers. sing.

Antoine, n. =

Anthony

Antoinette =

Antoinette

B

B (bé) lettre yamibale ya alphabet

Lingala phonetics
ba (pr. bah)
be (pr. bay)
bi (pr. be)
bo (pr. boh or bo-u)
bu (pr. boo)

babola = poor people

Bambala = a tribe in the Congo RDC.

Babunda = a tribe in the Congo RDC

badanceurs (e) = dancers

bafleurs = flowers

bafufu = flour/assorted

balakisi = teachers

baleki = youth

Baluba = a tribe in the Congo RDC

balutu = spoons

bakiti = chaises

bakoko = grandparents/ancestors

Bakongo = a tribe in the Congo RDC

bakopo = cups/glasses

bakonzi = officials

Bamako = the capital city of Mali

bamama = mothers /ladies (n.pl.)

bamabende = steels

bamayi =
oceans/rivers

bambisi
=assorted fishes
(n.pl.)

bambwa = dogs
(n.pl.)

bambeli =
machetes (n.pl.)

bambeto = beds

bameme =
sheeps

bamesa = tables

bamikanda =
correspondence/

books

bamibali = men

bamboka =
countries

bamoto =
fires/everywhere

bampese (bah-
mpay-say) =
roaches (n.pl.)

**bana (bah-
nah)**= children

bana ya basi =
young ladies

bana ya mibali =
young men

bandako =
houses

**bandako ya
Nzambe** =
churches

bandeke = birds (n.pl.)

bandeko = brothers and sisters

bandumba = prostitutes (n.pl.)

bangando = crocodiles

Bangala = a tribe in the Congo RDC

banganga =wicthcrafts

bango (ban-go-u)= they/them

bangombe (pr. bahn-gohm-bah) = cows (n.pl), sing. ngombe.

bangumba = mountains

Bangui = the capital city of Central African Republic

bangulu = pigs (n.pl.), ngulu (n.sing.)

banguna = enemies

bangunga = bells

baniama (ban-e-a-mah) = animals/insects

bapaya = foreigners

bapuku = rats

Barwandais = citizens of Rwanda, Africa.

Basakata = a tribe in the Congo RDC

basani =plates

basapatu (bah-sah-pah-too) = shoes (n.pl.), sapato (n.sing.)

basete = nails

Basenegalais = citizen of Senegal

basi = women

basoso (bah-so-u-soh) = chicken

Basongo = a tribe in the Congo RDC

basongeur = double agents

bataba (bah-tah-bah)= goats

batela = v. kobatela, 3rd pers. sing. ind. pr.)/to protect/take care

Bateke = a tribe in the Congo RDC

bateyi = preachers/pastors/prophetes

bato (bah-to) = people

batonga = needles

Bayanzi = a tribe in the Congo RDC

bayembi = singers

bazamba = forests

bazando = markets

banzela = ways

banzete = trees

banzizi = flies

banzungu = pots

Benin = one of the African country

beninois (e) = citizen of Benin

beta, v. kobeta, 3rd. pers. com. tense/to strike/smack.

bibota-bota (be-boh-tah-boh-tah) = having children without control (everywhere)

bilei/bileyi = food

bikolo (pr. be-ko-u-loh) = tribes (n. pl.)

bikoti (bekoh-te) = hats

bilamba = clothing (n.pl.), elamba (n.sing.)

biloba-loba (be-loh-bah-lobah) = big mouth (adj.)

bilolo = Congolese vegetable (soft slightly bitter taste)

bino = you (pers. pronoun)

bisenga-senga (be-say-nga-say-nga) = beggar

bisengo = joy/happyness

biso = we (pers.pronoun).

bitabe = banana (n.pl.), etabe (n. sing.)

bitambala = scarves

biteko-teko = Congolese vegetale (green)

bitunga = baskets (n.pl), kitunga (n.sing.)

bitumba = wars (n.pl.), etumba (n.sing.)

bokilo = in-law/

bokono = disease/sickness

bolingo = love

bolingo na ngai = my love

bolingo na biso = our love

bongo = brain

bozangi = lack/poverty

Brazzaville = the Capital city of the Republic of Congo

Burkina Faso = country in West Africa

Bujumbura = the Capital city of Burundi.

C (cé)- lettre ya misato ya alphabet

In Lingala the sound of the letter **C** is replaced by the letter S. and **ch** sound is replaced by (**sh**)as in **Shaba** or (**tsh**) as in **Tshote**.

However letter **c** or **ch** is found in the French first name such as Carlito, Charlotte, Charles, Charlene

Cairo = the capital city of Egypt

Congo Brazzaville =

nation located in central Africa

Congo RDC = a second largest country in Africa, located in central Africa.

Comoros = small nation located in southeast coast of Africa

D (dé) lettre ya mineyi ya alphabet

Lingala phonétics
da (pr. dah)
de (pr. day)
di (pr. de)
do (pr. do-u)
du (pr. doo)

Dakar = the Capital city of Senegal

démarreur = partie ya mutuka

Dar-Es –Salam = the capital city of Tanzania

denda = v. kodenda, 3rd. pers.sing, ind. pres. = to swing

dindo, n. = turkey (n.sing.)

dongi = short legs funny looking trousers

dongo-dongo = Okra/vegetable

dongola = v. to look with sarcastic look. verb kodongola.

E (a) lettre ya mitano ya alphabet

The letter **e** in Lingala is pronounced with (a) sound.

ebebi = it is spoiled, it had turned out bad

ebale = river (n.sing.)

ebandeli = beginning

ebimi = it is out/it is known (v. kobima)

ebonga = stool/position (n.sing.)

denda = v. kodenda, 3rd. pers.sing, ind. pres. = to swing

dindo, n. = turkey (n.sing.)

dongi = short legs funny looking trousers

dongo-dongo = Okra/vegetable

dongola = v. to look with sarcastic look. verb kodongola.

E (a) lettre ya mitano ya alphabet

The letter **e** in Lingala is pronounced with (a) sound.

ebebi = it is spoiled, it had turned out bad

ebale = river (n.sing.)

ebandeli = beginning

ebimi = it is out/it is known (v. kobima)

ebonga = stool/position (n.sing.)

ebongi = it is better/it has been improved (v. to improve.)

ekangi = it is attached/secure

ekenge = attention/careful

zala ekenge = be careful

ekeyi = it is gone (p. part. of the v. kokende.

ekoki = it is enough

ekomami = it is written

ekomi = it has arrived (v. kokoma.)

elaka =promise

elakisi = it is shown, or it appear as though

elakisami = it is showing

elamba = cloth

elanga = field

eleki = it has passed (past indef. (v.) koleka

elikia = faith

eloko = something

elonga = victory

elongo = together

kosala elongo =
to work
together/in unison

elongwe = it has
been removed
(p.part. of the v.
kolongwa.

elulu = audacity

embrayage =
embrayage (partie
ya camion)

engindi = it does
not look good at
all.

epai/epayi =
place/location/

environment

epai/epayi boye
= over here.

epai/epayi kuna
= over there

epai/epayi wapi?
= where about?

chatters/separates/
destroys.

epekisami =-it
has been
prohibited.

epesami = it's
been given.

Eritrea = a
country located in
East Africa, along
the Red sea.

esali = it is done/it happens

esangani = union

esengeli = it ought to

esengo = joy, happiness

esika = milieu/a place/location

esika oyo = this place/location

esika wapi?= where about?

epanza = Somebody who spread/or something that ungroups a set of things.

esili = it is finished/the end

esimbi = it is held, it went well.

etali = it is looking, facing (direction)

etali kuna = it is facing over there.

etoko = mat

etumba = war

eyano = answer/reply

eyindi = spark outrage

F (ef) lettre ya motoba ya alphabet

Lingala phonetics
fa (pr. fah)
fe (pr. fay
fi (pr. fe)
fo (pr. fo-u)
fu (pr. foo)

fanda = sit down

fanda nanu moke = wait a while.

finga =- insult, derogative command

Freetown = the capital city of Sierra Leone.

fufu = African dish made out of cassava flour and corn meal = fufu ya masango = corn meal flour.

fufu ya manioc = cassava flour

fungula = v. kofungula / to open

fungulisa = open in the sense of business

fukama = kneel down

futa = pay (v. kofungula)

futa mbongo = pay money

G (je/ gué) lettre ya sambo ya lettre)

Lingala phonetics
ga (pr. guah
ge (pr. gay)
gi (pr. gue
go (pr. go)
gu (goo)

the letter **g** in Lingala language is used with the **gue** sound:

Gaborone = the city capital of Botswana

ganga = scream (v. koganga) 3rd pers. sing. command - tense

ganga makasi = yell hard

gangela ye = scream at her or at him

gangela bango = reprimand them

H (ash) lettre ya mwambe ya alphabet

The letter **h** is usually found in people or places'names. It is not common in Lingala language.

Harare = the capital city of Zimbambwe, Africa

Henry = Henry

Henriette = Henrieta

.

I

I (e) lettre ya libwa ya alphabet

In Lingala the letter **I** is not common at the beginning of the words, rare example is Inga = the damn in the Congo RDC

J (je) —lettre ya zomi ya alphabet

In Lingala lettre **J** is only found in foreign words or names such as in:

journal = newspaper

jardin = garden

Jean = Jean

Johnnesburg =
the capital city of
South Africa

Joseph = Joseph

Juba = the capital
city of S. Sudan

K (ké)lettre zomi na moko ya alphabet

Lingala phonetics
ka (pr. kah)
ke (pr. kay)
ki (pr. key)
ko (pr. koh or ko-u)
ku (pr. koo)

The prefix (**KO**) –
indicate the
infinitive of a verb
in Lingala
language.

kake =
thunderbold

kobota = to give birth

koboya = to refuse

Kampala = the capital city of Uganda

kati = middle

kelasi = school

kende (v. kokende 3rd. per. sing. past indef.) to go

Khartoum = the capital city of N. Sudan.

Kigali = the capital city of Rwanda

Kinshasa = the capital city of the Congo RDC, Africa

kiti =chair

kitunga = basket

kobala = to get married

kobaluka = to turn

kobaluka na sima = to turn behind

kobamba = to affix/to attach

kobanga = to fear/worry

kobatela = to protect/guard

kobebisa (v.) = to spoil/cause discord

kobelela = to invoke

kobenga = to call

kobengana = to chase away/get rid of/oust/drive out

kobengisa = to invite/to call/attract

kobina = to dance

kobombana = to hide

kobondela = to beg/to pray.

kobongisa = to arrange

kobongwama = to convert/change/adapt

kobota = to give birth

kofuta = to pay

koganga = to scream/yell/reprimand

kokabela = to donate/give gift/share

kokalinga = to fry

kokanga = to close

kokangisa = to get somebody arrested.

kokangisa = to gather/to ensemble

kokesana = to miss each other/to be

different from each other

kokima (v.) = to run/to run away

kokoma(v.) = to arrive/appear/get there

kokoma (v.) = to write

kokombola (v.) = to sweep

kokosa (v.) = to lie

kokota (v.) = to enter

kokunda (v.) = to burry

kokundula (v.) = to escavate

kolakisa (v.) to show

kolala (v.) = to sleep

kolata (v.) = to wear/dress up

koleka = to pass

kolela = to cry

kolesa = to feed

kolinga = to love

koloba = to talk/say

kolongola = remove/wipe out

kombo = name

kombo nayo nani = wha is your name

komela = to drink

komela mayi = to have a drink of water

komibatela = to protect oneself

komilakisa = to show off

koniokwama = to suffer

kopelisa = switch on

kopema = to breath

kopona = to choose

kopumbwa (v.) = to fly

kosambela = to pray

kosangisa = to blend/mix

kosanjola =
(pron. ko- u –
sahn-jo-u lah) to
praise

kosanza (v.) = to
vomit

koseka = (pr. ko
–u-sah-kah) = to
laugh

kosepela = (ko-u-
sah –pah-lah) =
to rejoice

kosilika = (pr.
ko-u-se-le-kah) =
to be annoyed/to
be angry/to be
irritated.

kosokola (v.) = to
take a bath

kososola = to
discern

kotshiola = to
make fun of
someone

kosuba = to
urinate

kosumba = to
have a bowel
movement

kotambola = to
walk/to
march/amble/

stride

kotanda = to
display/spread out

kotanga = to read

kotangisa = to teach/educate/

kotekisa = to sell/trade/vend

kotelema = to stand/to awaken

kotengimisa = to bend/not straight/to curve

kotimola = to dig

koto = thousand

koto mibale = two thousands

kotonga = to saw clothing/to make.

kotonga, (v.) = to gossip

kotongola (v.) = to purge/cleanse/

clean

kotosa (v.) = to respect/value/

revere

koya = to come/to approach

koyeba = to understand

koyekola = to learn/to study

koyemba = (pr. ko-u-yahm-bah) = to sing

kokoma (v.) = to write/mark/

inscribe

kokoma = to arrive

kolamoka = to waken/ weak up

kolimbola = to explain/clarify

kososola = to comprehend/to make a person understand.

koyekola (v.) = to learn/study/

discover

koyinda, v. = to darken/dim

koyoka, (v) = to hear /to listen/to understand/ to comprehend

koyokana = to establish a good relationship with different parties.

kowolola = to boo/to make fun of somebody

L (el)

Lingala phonetics	
La	Pr.lah
Le	Pr. lay
Li	Pr. Le
Lo	Pr. Loh
Lu	Pr. Loo

lala = sleep

leka = go ahead

leka awa = go this way

leka kuna = go that way

leki = young

leki na ngai = my younger/sister/

brother

lala = sleep

leka = go ahead

leka awa = go this way

leka kuna = go that way

leki = young

leki na ngai = my younger/sister/

brother

liboma = crazy

liboso = before

Libreville = the capital city of Gabon

libumu = abdomen/stomack

libumu = pregnancy

likambo = matter/issue

likolo = heaven/above

lilala = orange

lipapa = flp flap

lisano = game

liso (n. sing.) = eye

lisumu (n.) = sin

liwa = death

Lobamba = the capital city of Swaziland/Africa.

loboko = hand

lokolo = foot

lokumu = praise/show up/attention

lolendo = pride

azali moto ya lolendo = a proud individual/ very considered.

lokoso = greedy

lokuta = lie

lolenge =like/ just as

lokola = as

Lome = the capital city of Togo

lopango = property

loso = rice

Luanda = the capital city of Angola.

Lusaka = the capital city of Zambia

M (em)

Lingala phonetics	
Ma	Pr.mah
Me	Pr. may
Mi	Pr. me
Mo	Pr. moh
Mu	Pr. moo

mabele = breasts

mabele = soil/ground

maboko = hands

mabonza = offrandes

madesu = beans

mafuta = oil

mafuta ya mbila = palm oil

makala = live coals/charcoal

makambo = matters

makambo ya Nzambe = the word of God

makelele = noise/clamor/sound/clatter/blast/din/disturbance

makemba = plantains

makila = blood

makita = groups

manga = mangos

mapa = breads

masanga = beverage/drink

masango = corns

Maseru = capitale ya Losotho

masoko = buttocks

masuba = urine

masumu = sins

masuwa = ship/boat

matama = cheeks. (n. pl,), litama (n. sing.)

matembele = Congolese vegetable/green

matiti = grass

matiti = debris, dirt

matoyi = ears

matungulu = onions

mayebo = mushrooms

mayi = water

mawa = sad

mbeli = knife

mbika = pumpkin seeds

mbila = palm fruits

mbisi = fish

mibali = men

mikate = doughnut

mineyi = four

misapi = fingers

misili = Congolese vegetable

miso = eyes

misuni = flesh/meat

mitano = five

mitu = heads

mituka = cars (n.pl.), mutuka (n.sing).

mobali = man

mobali = husband

mobateli = protector

mobikisi = redeemer/savior

mobulu = trouble

mobulu = hyperactive

mokanda =book

mokanda = letter

mokano = will

mokambi =
leader, conductor,
pastor

moke = small

mokila = tail

mokili = world

mokonzi = chief

mokuse = short

molakisi =
teacher

molayi = tall

molimo = spirit

molimo-mosanto
= Holy
spirit/Holy Ghost

moloki = sorcerer

monene = big,
large

mopaya =
foreigner

Moroni = capital
ya Comoros

Morovia = the
capital city of
Liberia

mosaka = palm
oil sauce

mosali = servant

**Mosali ya
Nzambe** = God's
servant

mosalisi = helper

mosanto = saint

mosenzi = low class/uneducated

mosika = far

mosika penza = far away

mosungi = shepherd

motema = heart

moteyi = preacher

moto = person

moto = fire

motoba = Six

motu = head

moyibi = thief

mozangi = poor

mozui = rich

mutuka = a car

mutuna = a question

mwana = child

mwasi = woman

N (en) lettre ya zomi na mineyi na alphabet

Lingala phonetics
na (pr. nah)
ne (pr. nay)
ni (pr. nee)
no (pr. no-u)
nda (ehn-dah)
ng (pr. ehn-g
nka (pr. ehn-kah)
nsa (pr. ehn-sah)
nta (pr. ehn-tah)

Namibia = country located in southern Africa.

Nairobi = the capital city of Kenya

nani = who

nazali = I am

nazali awa = I am here

nazali na esongo = I am happy

nazali na nzala = I am hungry

ndako = house

ndako ya Nzambe = Church

ndeke = bird

ndenge = indicate state of being./just like

ndenge nini = how is it?

ndenge moko = the same way/the same thing.

ndenge wana = so, it is

N'Djamena = the capital city of Chad.

ndumba = prostitute

ndunda = vegetable

ngai (pr. uhn-gah-yi)= me

ngai te = I am not the one.

ngai-ngai = sour vegetable from the Congo RDC

ngala = trend/success

ngambo = issue/problem/

trouble

ngolu = power

nguba =- peanut

mwamba-nguba peanut butter

ngulu = pig

ngunga = bell

Niamey = the capital city of Niger

nini = what

nini wana = what is that

nkolo = Lord

Nkolo Nzambe = God Almighty

nzala = hungry

Nzambe (uhn-zahm-bay) = God

Nzambe na ngai = my God

ndako ya **Nzambe** = church

kiti ya ndako ya ndako ya **Nzambe** = pew

bana ya **Nzambe** = God' s children

moto na **Nzambe** = servant of God

mokanda ya **Nzambe**

maloba ya Nzambe = the word of God

nzela ya Nzambe = God's way

nzela (uhn-za-lah) = the way

nzembo(uhn-zam-bo-u) = song

nzete (uhn-za-tah)
= tree

nzinzi (uhn-zee-zee)= fly

nzoyi (uhn –zo-o-e) = bee

O (o-u) lettre ya zomi na mitano ya alphabet

in Lingala the letter **o** usually indicates interrogative tense referring to the 3rd. p. sing. ind. pres.

obeli = are you sick?

obongi = are you feeling better/ is everything going well?

obongisi? = did you arrange?

okamati? = did you take?

okangi? = did you close?

okati? = did you cut

okomi? = did you write?

okomboli? = did you sweep?

olali? = are you sleeping

olambi? = did you cook?

olamboki?= are awake?

olandi = did you follow

olangwe = are you drunk?

olati = did you dress

olembi = are you tired

oleyi = did you eat?

olobi? = did you talk?

oluki? = did you seek/look for?

omatisi = did you raise?

opangusi = did you wipe?

opelisi? = did you switch on?

osakani = did you play

oseki? = did you laugh

osengi = did you ask?

osiliki? = are you annoyed?

osilisi? = did you finish?

osololi? = did you communicate

otangi? = did you read?

otongoli? = did you purge

oyekoli? = did you learn/study?

ozui? = did you get?

ozui yango? = did you get it?

ozui ye? = did you get him/her?

all the verbs in lingala language begin with the letter O in 3rd person singular, past indef.

P (Pé) lettre ya zomi na motoba ya alphabet

Lingala phonetics/Engl. pro.
pa (pr. pah)
pe (pr. pay)
pi (pr. pe)
po (pr. poh)
pu (pr. poo)

pakola = apply

pangusa = clean/wipe

panza = put in disorder

papa = father

pasula = tear off

pekisa (pr. pah-le-sah) **=** forbid/stop

pelisa (pr. pah-le-sah)= switch on/put the light on

pesa = give

pete (pr. pah-tah) = soft

pete-pete (pr. pah-tah – pah-tah) = very soft

petola (v. kopetola) = convert/spiritually

pili-pili (pr. pele-pele) = hot pepper

pona (v. kopona) = choose

pondu (pr. pohn-doo)= cassava leaves

Porto-Novo = the capital city of Benin – Cotonou port and capital of Atlantique Province, southern Benin.

posa ya= to feel like having something/to have a desire

poto-poto = disorder/discord

poto-poto = dough

puku (poo-koo) = rat

R

Q (kiu) lettre ya zomi na sambo ya alphabet

In Lingala language, the letter q is not used at all, but

this sound is replaced by the letter K. except in a foreign name ex. Quaker

R (ar) lettre ya zomi na mwambe ya alphabet

In Lingala the letter **R** is rarely used.except in the first French names ex. Ruth. Common people replace **R** sound by **L** sound. ex: Ruth is pronounced Luti.

S (es) lettre ya zomi na libwa ya alphabet

Lingala phonetics/Engl.pro.
sa (pr. sah)
se (pr. say)
si (pr. se)
so (pr. soh or so-u)
su (pr. soo)

sango = news

sango nini?

sanola v. kosanoloa = 3rd pers.sing.pres. indef.= to comb

sanza = month

sanzola = glorify

sata = 3rd pers.sing. imperative tense. = to/tilt.

se = Earth

seka (v. koseka)= 3rd. pers. sing. pres. indef. = laugh

sembola (v.) kosembola, 3rd. pers. sing. pres. indef = to show.

sepela (v) kosepela = 3rd. pers. sing. pres. indef. rejoice or kosepela/be happy.

seseko = for ever

seko = as usual.

sika-sika oyo = right now

silika (v.) kosilika, 3rd pers. sing. imperative tense = annoy

soki = if

soki te = if not

sima = later on

singa = thread

songe (pr. sohn – gah)= harp end

songi-songi (pr. songue-songue) = double agent

songuer = individual who instigates others to a very higher degree, a champion of double agent.

soni = shame

soni na bino = shame on you

soni mingi = what ashame

soso = chicken

soyi = saliva/spit

suki = hair

T (ti) lettre ya tuku
mibale ya alphabet

ta (pr. tah)
te (pr. ta)
ti (pr. te)
to (pr. toh or to-u)
tu (pr. too)

taba = goat

tala = to look

tambola = walk

tanga = read
(commanding)

tango = time/hour

tango nini tozali
= what time is it?

tata =father, dad

teka = v. kotekisa
= sell

telema = to stand

tia = to put

tika = to stop

tombola = to
raise

tosa = to respect

tuku = twenty

U (pr. oo) lettre ya
tuku mibale na moko ya
alphabet

In Lingala the letter U
is ufound in people's
first names. ex. Usala,

V (vé) lettre ya tuku mibale na moko

Lingala phonetics/Engl/pro.
va (pr. vah)
ve (pr. vay)
vi (pr. vee)
vo (pr. voh or vo-u
vu (pr. voo)

valise = luggage

valise ya nene= trunk

vanda = commending tense of the verb kovanda = to sit

vanda awa = sit here

vanda wana = sit down there.

vanda kuna = sit over there

vandisa ye = let him, her/be seated

vandesa bango = keep them company

vanda na bango = stay with them.

vandela ye = sit on him or on her.

W (double ve, wé)

Pronunciation

Lingala phonetics/Engl.
wa (pr. wah)
we (pr. wa)
wi (pr. we)
wo (pr. who-or wo-u)
wu (pr. woo)

Wagadugu = Capitale ya Burkina Faso.

wapi = where

ex. epai wapi**?** =where about?

epai boye = right here

epai kuna = over there

wana?= that one ?

wana kuna = the one over there.

wangu = not stable

wangu = showing/acting as though nothing matters.

wapi yango? = where is it **wapi, oyo?** = which one, this?

Windhoek =
capital ya
Namibia

Y (igrek/yé) lettre ya
tuku mitano ya alphabet

Lingala phonetics/Engl. pro.
ya (pr. yah)
ye (pr. ya)
yi (pr. ye)
yo (pr. yoh or yo-u)
yu (pr. yoo)

X (iks)

In Lingala
language the
letter X is not
common,
except in a
foreign name
such as:
Xavier

yaka = come on

yamba = v.
koyamba 3rd pers.
sing. imper. tense
= hug/embrace

yanola = to
answer

yango = it is it

yango wana = it is that one

yango kuna = it is that one there.

Yaoundé = the capital city of Cameroon

ye = he/she is the one

ye te = not him/her

yebisa = v. koyebisa , imperative tense, 3rd pers. sing, pres. indef. (v. = to tell/notify/inform

yebisa biso = tell us

yebisa bango = tell them. 3rd pers. sing, pres. indef. (v. koyebisa

yembela = imperative tense, 3rd pers. sing, (v. sing).

yembela biso = sing for us

yembela ye = sing for him/her

yembela bango = sing for them.

Yenga = Sunday

ex. Mokolo ya
Yenga = On
Sunday.

Yesu = Jesus

Yesu Christo =
Jesus Christ

yete = he is not
the one

ye wana = it is
he/she

yo = you

yoka = listen

yo te = not you

Z

Lingala phonetics/Eng. pro
za (pr. zah)
ze (pr. zay)
zi (pr. ze)
zo (pr. zoh or zo-u)
zu (pr. zoo)

zamba =forest

zamba moke =
small forest

zamba monene
= dense forest

zando = market

zando ya malongo = famous market

zala (zah-lah (v. kozala), 3rd. pers. sing. pres. indef. = to be

zala wana = be there

zela (zay-lah (v. kozela, 3rd pers. sing. imper. tense = wait

zelisa (zay-le-sah) = v. kozelisa, 3rd. pers. sing. pres. indic.= postpost/make it wait longer.

zipa (ze pah) v. kozipa, imper. tense, 3rd. pers.

sing. pres. indef. = to close

zonga (zo-ungah)(v. kozonga), 3rd.pers. sing. imper. tense= return

zongela (zo-un-gah-lah) v. kozengela, 3rd. pers. sing. imper. tense = go back to it

zongisa (v. kozongisa) = return it

LINGALA –ENGLISH

ENGLISH – LINGALA

MODERN

DICTIONARY

PART II ENGLIS
H

By

Bepona Collection, New York, USA

P H O N E T I C S - LINGALA LANGUAGEG,	
K, J, S, T, Z	PRONUNCIATION IN LINGALA
NGO	Ehn –go
NKA	ehn –ka
NSA	ehn-sa
NTA	ehn – ta
NZA	ehn – za

PHONETICS of the letter M	
before Consonants P et V	
Mpa	uhm pa
Mpe	uhm- pe
Mpo	uhm-po
Mpi	uhm-pi
Mpu	uhm-pu
Mvu	uhm –vu

Pronunciation English-Lingala

er (**eu**) ex. giver (gi-veu) = moto oyo apesaka eloko : **er** = (pr. eu)

et (**ite**) ex. wanted (wan – ti-te) : moto bazali koluka= (pr.**ti-te**)

dry (**pr. dro– ai**) v. dry = kokawoka

write (**pr. w-roi-te**) v. write = kokoma

yield (**pr. yil-de**) = ko abandoner/céder = komitika/kopesa

wield (**pr. wil-de**) = ko exercer/kosalela /ko manupuler/kola kisa makasi/brandir

ENGLISH ALPHABET=ALPHABET YA
ANGLAIS NA PRONONCIATION NA YANGO

a (ei)	n (en)
b (bi)	o (o-u)
c (ci)	p (pi)
d (di)	q (kiu)
e (i)	r (ar)
f (ef)	s (es)
g (dji)	t (ti)
h (ache)	u (yu)
i (ai)	v (vi)
j (djei)	w (double yu)
k (kei)	x (eks)
l (el)	y (wai)
m (em)	z (zed)

A (a)

abandon = kotika/kobwaka/koboya

abide = kofanda/kokangama

Abidjan = Capital ya Côte d'Ivoire.

abdomen = libumu

ability = mayele, ekenge

ablaze = moto epeli

Abuja = capital ya Nigeria

accept = kondima

Accra = Capitale ya Ghana

adage = proverbe

Addis Ababa = capital ya Ethiopie.

adieu = tikala malamo

ad hoc (ad hok) = improvisé

affirm =
kondima penza
yasolo

affix =
kobamba/

kangisa

age =mbula

aging = kununa

aggregate =
kosangisa/total

Algiers =
capital ya
Algerie

alter = ku
changer

a.m. = tango ya
avant midi

amble =
kotambola

malembe/

promenade

amass =
kokamata
nionso/koyiba

amaze =
kokamwa

ameliorate =
kobongisa lisusu

annoy = kozala
na
kanda/kosilika

Antananarivo
= capitale ya
Madagascar.

anybody =
moto nionso

anymore =
lisusu

any place = sika
nionso

any one = moto
nionso

anything =
eloko nionso

appear =
kolakisama

approve =
kondima/ko
supporter/ko
endosser

apologize =
kolimbisa

apostle = apotre
ya Jesus

argue =
koswana

arid =
kokawoka

arise =
kotelama

arm = loboko

arm = monduki

armchair =
loboko ya kiti

antiquity =
yakala

anxiety =
kobanga moke

antique , n.=
yakala

anus, n. = nzela
ya masoko

arrange = ku
bongisa

ash =poussière

ashamed =
kozala nasoni

as soon as =
noki-noki

Asia = Asie

aside = pembeni

assume =
kondima yabongo
kaka/ko supposer

asunder, v. =
kokata biteni-
mibale

assure, v. =
koyeba
malamo/kozala
na certitude.

astray = na
mopanzi/à côté

attach =
kokangimisa

attain = kokoka
kusalaeloko/kopar
venir

attainment = bozwami ya malamo na makasi nayo moko

attend = kosalisa/kozala present na..

attendance = bato oyo bazali na sika likambo ezali/présent

attempt = komeka

attention = attention

attest = koloba yasolo/ko confirmer

attitude = ndenge ya

kokanisa/

bamanière ya moto/conduite

attorney = avocat

attract = kopusana

pembeni

attune, v. = kotia ndenge

moko/ koregulariser/ko standariser/ko adjuster.

audacious = kozanga/botosi

komilakisa

arrears = mbongo

etikalaki sima/niongo

as = ndenge

ask (v.) = ko tuna

assemble = kosangisa

kotia sika moko

assist = kosalisa

August = Sanza ya

mwambe.

Australia = Australie

Austria = Autriche

authentic = ya solo penza

authenticate = kondima que ezali penza ya solo/vérité

Author = mokomi ya mokanda

authority = ngolu

authoritarian =
moto azali na
ngolu

automaton =
kusala likambo
sans kokanisa

austitic =
malade ya moto
(liboma)

**authobiograph
y** = lisolo ya vie
ya moto;
ekomami na
mokolo ya
lisolo.

auto = prefix =
moto ye moko
kaka.

autograph =
Loboko
(signature) ya
moto

automatic =
kosama ya ngo
moko

autonomous =
ku zala mokonzi
ya yo moko.

automobile =
mutuka

autumn =
automne/saison
to climat na
mikili ya ba
occidentaux

(septembre –Oct.
Nov.)

autocracy=kim okonzi /nguya ya moto moko

autocrat = dictateur

awhile = na tango moke

awkward = pasi, moyen te

away = mosika

awaken = kolamboka

aware = koyeba/kozala alert/conscient.

awful = mabe koleka

awry = ebebi, esimbi te, mabe.

azoki = he is hurt/wounded.

Aztec = ekolo ya ba Indien ya Mexique

azure = likolo ya couleur bleu.

B (bi)

baby = bebe = mwana moke

Banjul = capital ya Gambia

babysitter = moto atalaka mwana

baccalaureate = license = discours na

mokolo ya collation des grades

bachelor = mobali oyo abali nanu te

back = mokongo/dos

back = na sima

backache = pasi ya mokongo

backdate = date yakala

backfire = kobimisa likambo ya mabe ezongeli ye, engindi

backing = kozala na bato ba zali ko supporter yon a sima.

backslide = kozanga sima

bad = mabe

bag = sacher

baggage = valise

baggy = munene koleka

bake = kotumba

baker = mutumbi ya mapa

ball = balon

ballpoint = bic ya pointu

ballroom = sale ya fete ya munene

bank = bank = sika ya kotia mbongo ya bato

bankrupt = mbongo edindi/commerce ekweyi

banquet = fête

Bantu (bantoo) = ekolo ya Congo, to ya Afrique.

barbecue = liyoto

barbarian = musengi

barber = moto oyo akataka bato suki.

barefaced = moto azanga soni

barefoot = makulu ngulu

bareheaded = motu

ezanga ekoti.

bargain = kokakola/

négocier

basket = kitunga

basketwork = mosala ya kotonga bitunga.

bastard = mwana ya

makango.

bath = kosokola

baton = kiteni ya nzete

battery = battery

battle = bitumba

be = kozala (malamo)

beautiful = kitoko

bean = madesu

beacon = phare (mwinda)

because = po na

become = kokoma

(apparence)

become rich = akomi moto monene

bead = mayaka

beak = monoko ya ndeke

beneath = na se

bear = kokanga motema/ko porter

bearer = momemi/porteur

beast = niama ya zamba

beat = ku beta ku (broyer)

bee = nzoyi

bed = mbeto

bed-spread = couverture ya mbeto

bedtime = tango ya kolala

beef = ngombe

before = liboso

begin = kobanda

behave = ku zala malamo

behold = boyoka

behoove = kovanda obliger na ko.

beggar = bisenga –senga

be gone = longwa!

behavior = bizaleli

behind = na sima

believe = kondima

belly = libumu

belong = ezali ya.songolo

beloved = moto oyo olingaka koleka/ bolingo ya solo.

below = nase/na mabele

belt = mokaba

beg = kosenga-senga/ko mendier

bench = kiti ya molayi (banc)

bend = kogunzama

benefit = benefice

beside = pene-pene

besides = a part wana

best = malamo koleka/kitoko

better = malamo

beverage = masanga

bewitch = koloka

bilingual = minoko mibale

Bible = Bibliya

big = monene

Bissau = capital ya Guinée Bissau

birth = kobotama

bird = ndeke

bitter = bololo

bi-weekly = na sima ya poso mibale/par quinzaine.

black = mwindu

black-market = marché noir

blackmail = kopanza sango

bladder= vessie

blank = pwelele/vide

blasphemy = blaspheme

blast = ku zikisa/ku faire sauter

blaze = flame ya moto

blazing = moto makasi/kopela ya moto

bleak mawa/isolé/

blemish = ba tache

bless = ko pambola

blitz = bombardement ya avion (ex. 2é etumba). ya mokili)

blood = makila

bloody = na makila na kati

blow = coup, kubeta na nzete

blue = bleu

blunt = brusque, brutal

bluntly = brusquement, carrément

boat = masuwa

boil = ko tokisa

bolster = cousin

bolt = boulon

bolt = ko tamiser fufu

bond = singa

bondage = kibuwumbu

bone = mukwa

boo (v.) = kowolola

book = mokanda

booking = enregistrement

boot = sapato (botte)

booze = masanga makasi

borough = quartier

borrow = ko defa

bosom = ya motema

moko/du coeur

bosom friend = moninga ya motema mono/ami (e) nayo ya motema moko/intime

boss = patron/mokonzi ya mosala

bother = komona pasi to se tracasser

ko tungisa.

bottle = molangi

box = boîte

boy = mwanaya mobali.

brag = ku se vanter

brassiere, bras = soutien

brave = makasi/ courageux

break = kopasuka

breast = libele

breast-pin = epingle ya cravat

breathe = ku respirer

bribe = ko corrompre/kosumba moto na kosala misala nayo ya mabe po yo obombana na sima na ye. bato ba yeba yo te/kosala hypocrisie..

bride = mwasi abali sika

bridge = pont

broad = ya munene penza

brook = ba mayi ya muke

brighten = ku faire briller /kongengisa

broom = kombo

bucket = katini

bud = bourgeon

build = kotonga (ndako)

building = building,(ndako, immeuble).

bunch = liboke (ex. ya ndunda)

bundle = liboke, (ndunda,

 tas ya bois, liasse ya papier)

bureau = bureau

burden = kilo

burgundy = vin rouge – masanga ya motani

burn = kozika

burst = kofungula na makasi

bush = zamba

bushman/bushmen = ba villageois/bato bazalaka nabamboka.

business = commerce/mosala/affaires.

businessman = commerçant

bushmen= bato ya ba mboka/ ba villageois

bust = ku faire éclater

bust = tolo (na mabele)

busy = occupé

but = kasi

butterfly = papillon

buttock = masoko

button = bouton

buttonhole= monoko ya boutton

buy, v. = kosomba

buyer
=mosombi

buzzer (pr. boh-zer) = sonnerie

by(pr. ba i**) =** na pembeni

bye-bye
(goodby)= tikala malamo

bygone = biloko yakala

bygones = ya kala-kala

by law=mobeko ya leta (bureau local)

by line = kombo auteur apesi na debut to na suka ya article akomi na revue.

by pass= nzela ya kokatisa soki route principal ezali bloquer.

byproduct = eloko oyo babimisi na tango ba zali kosala eloko esengeli.

by-stander = moto oyo atelemaka sika likambo ezali sans ku participer

C (ci)

cabbage = choux vert to choux rouge

cabinet = armoire

cable = basinga ya (tv) to ya courant

cabstand = sika taxi etelemaka

cachet = mark ya prestige.

caddy = ka boite ya moke ya kotia Tea.

cadet = militaire ya sika

caesarean = kobimisa mwana na libumu ya mama.

caffeteria = restaurant

Cairo = capital ya Egypt.

call = kobenga

calm = makelele te

Calvary = Calvaire (place ya ekulu).

canned =
beloko ya
manzanza.

capture =
kokanga moto.

collateral
(mortgage) =
hypothèque

Conakry =
capital ya Guinée
Conakry.

conduct =
kokamba

conductor =
mokambi

conference =
kokutana

confession =
kondima
masumu

confidence =
confiance

confirmation =
kondima

coffee = café

conform =
kulanda mibeko

confuse =
makanisi ebele-
bele na moto,
moyen ya ko
raisoner malamo
ezali te

congregation = lingomba koyeba lisusu te.

conjugate = koloba na ndenge na tango mosusu (verbe)

conjuct = ko kangisa sika moko.

Congo Brazzaville = Republic of Congo = country located in Africa

Congo RDC = also know as Congo-Kinshasa, country located in central Africa, a Bantu and pygmies' society (derived from Royaume du Kongo).

conserve = kobomba

conserve = kokeba

consequence = suka ya likambo.

consideration = ko kanisa malamo.

consistent = ndenge moko (ko changer te)

consign = kopesa moto eloko abatela yango/ ko transferer/kotinda/ko délivrer.on

consignment = koyokana que versement yambongo ekosalama soki eloko etekami. Biloko etekami te bakozongisa yango.

construct = kotonga (ndako)

container = kingungulu (boite).

comptemptorary = na tango oyo.

contend =kobunda (pasi)

content = oyo ezali na kati (ex. ya gateau).

consul = consul -mokonzi na mboka ya mobaya.

consulate = ndako ya bakonzi ya mboka ya mopaya (bureau

ya kokamata visa, to permission ya kokota na mboka mopaya.

corn = masango

converse = kosolola

conveyance = moyen ya transport

convoke = kobengisa po na kosamba likambo

corrupt = kozwa mbongo ya mabe/kosomba ma na bato ya

mabe po yo osalila bango mabe, soki ebibei, bakanga yo, bango te.

correct = kosala malamo

craft = mosala ya maboko (métier)

crass = kozanga rafinement/ zoba

cravat = cravat

crawl = kotambola na likolo ya libumu (nioka)

crazy = liboma

cream = poto-poto mbonngo (niongo)

crease = nzela na bilamba

create = kosala/kobanda eloko na mayele nayo moko.

creation = ebandeli

credential = eloko elakisi preuve

creed = mibeko ya kondima ya ba Chretien

creditor = mokolo

crematory = sika yako zikisa ba nzoto (ku rendre yango en poussiere noki).

cross = ekulusu

crowd = lisanga ya bato ebele

crumble = konika/kosangis a (ex. maki)

culprit = moto asali mabe

culture = ezaleli ya bato

cure =
kisi/traitement/r
égime/kosokola/
nettoyer.

curious =
koluka koyeba

likambo

curriculum =
likambo (cours)
ozali kuyekola

custom =
ndenge bato
basalaka

cutthroat =
mobomi

cry = kolela

counsel =
kopesa toli

country =
mboka

countryman =
mwan'amboka

cough = koso-
koso

courage =
makasi
(courage)

cousin = mwana
ya noko (ou tata
mwasi/cousin)

cotton = cotton

currency =
mbongo

cut = kokata

cyst = (maladie) kyste

D (di) lettre ya mineyi ya alphabet

daddy = Tata

Dakar = Dakar (capital ya Senegal

daily = mikolo nionso

dainty = bon, kitoko

Dakota = etat mibala ya USA (nord na sud)

dam = barrage

damage = ya kubeba

(mabe)

day-bed = kiti ya kolalila

day-break = tongo-tongo

daycare = ndako ya kotala bana mike

daylight = tongo

daylight saving = butu ekomi mulayi koleka moyi

daytime = moyi

dazzle = mwinda,moyi makasi koleka

deacon =diacre

dead = ya kokufa

dead head = moto pamba

dead line = mokolo ya suka

deadlock = kokangame esika

moko –sans ku advancer/ to, kuzua solution ya malamo).

deaf = matoyi ekufa

death = kokufa

deathless= akufaka te ata ndenge nini (immortel)

debris = matiti

debate = kofandela likambo monene

debunk =
kolakisa
foti/komilakisa

debut =
kobanda mbala
ya iboso na miso
ya bato

decay =
kobeba/ko
décomposer

debauch =
kokomisa mabe
koleka/valeur
esila

despite = ata ko
(na etc)

dessert =
dessert

destination =
epai /ngambo

destitute =
bazangi/ba
pauvre/bato ya
pasi

destroy =
koboma

develop =
kobanda kosala
eloko malembe
malembe ti
ekokoma eloko
monene to
likambo ya solo.

devil = diable

devise = ku
inventer/ ku

concevoir
pensée to eloko.

devote =
balandi/kumipes
a na cause
moko.

devotee = ba
ndimi

evout = ba
ndimi

dew = mouillé,
rosée

diabolic = ya
satana

diagnosis =
dianostic
(komana
maladie)

dialect =
monoko ya
mboka

dialogue =
masolo

dictate =
koyebisa

didle = koyiba –
kokosa

die = kokufa

diesel engine =
moteur ya diesel

differ = ko
kesana

difference =
lolenge moko
te/ekeseni

difficult = pasi

diffuse = kopanzana

dig = kotimola libulu

diligence= kozala na soin

delute = kolongola salté

na mayi

dining = action ya kolia

dining-room = place ya kolia

dire = eloko ya mabe penza

direction = landa nzela direction

dirt = salute

disable = moyen te

disadvantage = malamo te

disappear = kobunga

disapoint = kozanga kosala likambo olobaki okosala/

décevoir

disarray = ko tia na désordre

disaster =
likambo ya
mabe/ malheur

disbelief =
kozanga ko
ndima

disclaim
=koboya
kondima/ konier

discomfort
=koyoka mabe/
kozala à l'aise te

discredit =
kobebisa
réputation

discreet =
kozala ekenge

discriminate =
kopona/ sala
distinction

discuss = ko
solola, koswana

disdain = ko
mona moto
eloko pamba

disease =
maladie

disentagle =
komilongola

disgorge =
kosanza

mbisi amelaki
Jonas, après
asangi ye (ko
disgorge)

disgrace = soni

disguise = komibomba

disgust = kosepela te

dish = bilei/malonga

dishabille = ko zala moitié motaka

dishonest = lokuta

disk = disque

dislike = kolinga te

disloyal = infidelité

dismal = mawa/esengo te/mabe/

depression.

dismiss = kolongola na mosala

disobedience = kozanga botosi

disorder = desordre

disparage = komona moto pamba/ koloba mabe.

dispel = ko bengana

dispense = ko kabola/kopesa (kisi.)

disperce = kopanzana (mayi)

display = kolakisa

displease = ko zanga eseongo

disregard = ko ignorer moto to eloko/négliger

disrepair = ba conditions ya mosala ya mabe/

negligeance.

disrespect = ko zanga botosi (respect)

disrobe = kolongola bilamba

disrupt = kosukisa (rompre)

dissociate = komilongola

na lingomba

distance = mosika

distill = ko lekisa mayi, litanga na litanga na

namadusu ya mike po na ko longola ba salité

distinct= clair, net

dissolve= kokomisa eloko ya makasi mayi ex. mungwa to sukali/ko fonder.

distress = pasi mingi ya nzoto to ya makanisi/danger /difficulté

distrust = ko douter/ kozanga kondima

disturb = ko déranger

ditch = libulu

dive = ko kweya na kati ya mayi/ko plonger

diverse = ya ndenge na ndenge (varié.)

divide (into) = kokabola na ba partie/to kokabola eloko

divider = mokaboli

divination = koyeba avant/prediction

divine = oyo etali Nzambe

divinity = Divinité/ oyo ya Nzambe/

division = kokabwana

divisor = mokaboli

divorce = kokufa ya libala

divulge = ko yebisa bato nionso (ku publier)

do = kosala

dock = ko diminuer (nombre)

dock = libongo ya mayi

doctor = munganga

doctrine = Doctrine

mibeko/kondima ya ba groupe ya bato basambelaka to ba politiciens

document = document/ba papiers important

dodge = ko bunga noki na

 miso ya bato sans

 que ba mona yo/koleka na moyibi

doer = mosali

dog = mbwa

dogma = dogma

mibeko esalami na ndako ya Nzambi, moto nionso akolanda

doll = poupé

dominate = komonela/ko niata bato

donate = ko pesa ba don

donor = moto oyo apesaka

doodle = ko sola ba petits dessings (bana mike)/

kodessiner

doom= ko suka mabe/kokangama/kopasser jugement

door = porte ya ndako

door-bell =
ngonga ya porte
ya ndako

dop (e) y =
momeli diamba

dot= point

double = mibale

double-bed =
mbeto ya ba
place mibale (ya
monene)

**double-
breasted** = esala
ekulusu, n
aforme ya croix.

doubt = doute

doubtful =
kozala na doute

dove =
ndeke/colombe

down = na se/en
bas

downstairs – na
se ya ba escalier

draft = ko
dessiner/kosala
brouillon

drag = kobenda

drake = libata

drama = theatre

drain = ko
passer mayi na

canal/to na
tuyau

drape = ba
rideau

draught/breeze
= mopepe
(courant d'air)

draw = ko
dessiner

drawer = tirroir

dreadfully =
ndenge ya ko
banga penza

dream = ndoto

drench = ko
dindisa na mayi

dress = kolata
elamba

dress = robe

dressing =
kolatisa/

pansement

drink = eloko
ya
komela/boisson

drinkable =
eloko okoki
komela/potable

drinking =
eloko okoki
komela,
potable/to ku
avaler

drinking-fountaine = source ya mayi ya komela.

drive = ko kumba (voitre)

driver = chauffeur

driving-licence = permit ya ko kumba motuka

driving-test = examen ya ko kumba motuka

drizzle = ko kweya na matanga mike (ex. mbula)

drop = ko kwe ya (mbula), kokweyisa na se/ko diminuer.

drought = famine/kozanga/ secheresse

drudge = mobali to mwasi oyo asalaka misala ya pasi sans kopema

drum = tambour

drunk = kolangwa

dual =mibale

duck = libata

dry = kokawosa

dudgeon =kanda/ kozala na kanda

due = tango ekoki (ex.kofuta, to kobima)

duly = na ndenge ya malamo penza/en accord avec

dumb =niveau ya intelligence ya moke penza/ mwa zoba

dump = kobwaka/ko laisser tomber

duodenum = section ya liboso ya motshiopo ya

moke avant okoma na estomack/ duodenum.

dupe = kokosa/ko escroquer/ko decevoir moto.

dupery = lokuta

durability = eloko ya ikoki ko durer/ndenge ya makasi-

dust = poussière

duty =
mosala/devoir

dwarft = moto ya
mokuse (ex-
KAMINA).

dwell = ko
fandela
likambo/ko
kanisaka kaka
yango, ku insister

dye = ko tia
couleur

E (i) lettre ya mitano
ya alphabet

each = moto
nionso

eager = na
esengo nionso

eagle = ndeke
munene.

ear = litoyi

to prick up one's
ear = tiya litoyi

to turn a deaf ear=
kozanga koyoka

eararche = pasi
ya litoyi

ear-drum =
tympan

eared = oyo
azali na matoyi

earless =
kozanga litoyi

earlope = partie ya litoyi ya libanda

early = tongo-tongo

earn = ko zwa/ko gagner

earness = serieux, sincère

earnestly = serieusement

ear-piercing = kotobola litoyi

ear-rings = biloko ya matoyi

ear-shaped = na forme ya litoyi

earth = mabele,mokili

ear-wax= bosoto ya litoyi

ease = a l'aise

easily = malembe

east = ya l'est

Easter = Paque

easy-going = ezali simple/moto oyo

azalaka sociable/moto malamo.

eat = kolia/manger

ebb= ko kita/diminution, ex. pasi ekiti/diminuer

at a low ebb = kozanga espoir na energy.

educate = koyekola

educator = molakisi

education = education/

koyekola

edge = suka

efface= ku effacer

effect = elakisama

effort = makasi

e.g. =example gratia (par exemple)

egg = maki

Egypt =Egypte

eight = mwambe

eject = kobimisa/

pousser

elbow = kikoso

elder = mukolo

elect= kopona (élu)

election = election

electric = electric

electrode = electrode

electron = electron

elegance = kitoko

elementary school = ecole primaire.

elephant = nzoko

elevate = ko tombola

elevator = ascenseur

eleven = zomi na moko

Elijah = Elie

Ellipse =Ellipse

election = ndenge ya kolobela

embassy = Ambassade

emaciate =
kokonda
(maladie)

embed = kozala
na se/enfoncer

emblem =
Emblem

emblem =
symbol oyo
elakisaka eloko
monene

ex: courone
elakisaka
kibokonzi

embodiment =
kobotama/ko zwa
nzoto ya
sika/incarnation

emergency =
likambo ya
mbangu-
mbangu/accident

emend =
corriger/reviser

emigrate
=kobima na
mboka nayo,
kokende kovanda
na mboka mopaya
libela/ kokenda na
exile.

eminent =moto
monene

emotion =
emotion

emphasis = ku
insister

emphatic =
carrément

empiric =
experience oyo e
salami na
observation/

kotalaka ndenge
ezali ko salama/
toko changer.

employee = moto
ya mosala

employer =
patron

emporium =
magasin monene,
entrepot oyo
etekisaka biloko
mingi ya ndenge
na ndenge.

empty = ya
pamba/eloko na
kati ezali
te/vide/ko vider.

emptiness =
kozanga eloko
na kati.

enable = ko
permettre/ko pesa
moto, soit
authorité ya
kosala eloko/to
kopesa ye ba
moyen ya kosalila
eloko
wana/faciliter

enact = ko
komisa likambo
wana mobeko
ya l'Etat.

enclose = ko kotisa na envelop, kotia.

end = suka

ending = suka, fin

encircle = ku kotia na kati.

encourage = ko pesa moto espoir to courage to confiance.

endager = ko kotia na danger

endear = ko komisa moto, to eloko, po ete

bato ba linga ye, to eloko yango.

endure = ko kanga motema, ko supporter.

enema (med.) = ko tongola

enemy = monguna

energy = makasi

enfeeble = ku rendre faible

enfold = ku enveloper/

entourer

enforce = kusala molende

enjoy = kosepela na

enlarge = ko komisa monene

enlighten = ko eclaircir

enmesh = ko kangama na filet

enough = ekoki, assez

enroll = ko s'inscrire

enquire = ko tuna

enter = kokota na..

entire = mobimba

entrap = ko kangama na piege/trick ya kosala moto mabe/

envie = ko envier

entrust = ko pesa moto charge ya eloko/ko charger ya likambo

entry = entree, inscription

enumerate = ko tanga ba nombre

enunciate = ko articuler/koloba clairement.

envelop = enveloppe

epistle = Epitre

epoc = Epoque

equable = uniforme, egal

equal = ba quantités ya biloko ndenge moko/ex. fufu-sucre/egal.

equatorial = ya pembeni na Equateur

equip = ko equipper

equilateral = ba côtés yonso ndenge moko/ equilateral

equilibrate = ko balancer biloko/ndenge moko/ko peser

Era = Ere (ere Chrétien)

err = ko bunga/errer

error = ba foti/fautes

erupt = kopasuka/kopanzana lokola volcan.

essay = komeka composition/

épreuve.

estimate = ko tala nanu/ku evaluer

Europe = Europe (mboka yaba occidentaux).

evacuate = ko bimisa na makasi/noki-noki

evade = kokima

evangelize = ku panza liloba ya Nzambe/Ko yambisa bato bomoyi ya seko ya Yesu Masiah.

evaporate = ko kawuka/kokomi sa mopepe.

eve = na pokwa (Christmas eve = veille ya Noël)

even = ndenge moko

evening=
pokwa

event =
mayangani/

evenement

evermore =
mbula na mbula.

ever =
nanu/toujours

every =
nionso/moto to
eloko nionso.

everyday =
mikolo nionso

**everyone/every
body** = moto
nionso

everything =
eloko nionso

everywhere =
sika nionso/epai
nionso

evict = kobimisa
na makasi

evident =
yasolo

evil = mabe

evoke = ko
rappeler

exact = ekoki
penza

exactly = yango
wana penza

exaggerate =
kolekisa

exalt =
kotombola moto

na position ya
likolo/ kopesa
ye
nguya/kokomisa
ye

exam = examen

examination =
inspection/

vérification

examine =
kotala malamo
penza po na
koyeba

exasperate =
kopesa moto
kanda/kosilika
na ndenge ya
mabe

example =
ndakisa

exercise =
kosala activité
ya nzoto/na
makasi/effort

exert = kobimisa
makasi nayo
nionso na ko
sala eloko/
effort peinible

exhale =
kobimisa
mopepe na zolo.

exhaust =
kolemba makasi

exhaust =
kosilisa/épuiser

exhaustion =
kolemba/fatigue

exhibit =
kolakisa bato
eloko.

exhibition =
exposition

exhilarate =
kosepela
makasi/

exhort = kosala
ba exhortation

escavate =
kotimola

exceed =
kolekisa

excel = ku
depasser

except = yo,
yango te/sauf

excerpt =
passage ya

mokanda/extrait

excess= koleka

exchange =
échange

excite = exciter
(kanda, to
esengo)

exclaim = kokamwa, koganga

excursive = vagabond, moto pamba

excuse = bo limbisi

execute = kosala kaka ata ndenge nini

exempt = ba mususu bas ala yango te

exhale = ko bimisa mopepe na zolo

expect = ko zela (eloko, moto)

expel = kobengana

expend = ko somba/dépenser

expense = dépense

expire = tango eleki, ezali lisusu malamo te

explain = ko yebisa

exploit = komonela, koniate,koyiba bato mosusu

extend = ko tanda loboko

extinguish = koboma moto

extract = kolongola/

arracher

extraordinarily = Malamo penza

extreme = koleka

extricate= ko milongola/se débarrasser

extrude = ko refouler/

expulser

exigency = exigence/ba besoins

exigence = biloko esengeli ko zala na yango/besoin critique

exile = ko vivre na mboka ya mopaya/exile

exist = ko exister

exit = kobima

Exodus = Exode

exoteric = ya populaire

exotic = eloko ya

sika/different/

oyo ewuti na mokili mosusu (ya malamo)

exuberate = ko lekisa mingi/déborder

exuberant = plein de vie

exude = kobimisa (motoki to solo)

exult = ko sepela mingi

eye = liso/miso

eyebrow = sourcil

eye-glance = na liso moko

eyelid =poso ya likolo ya

liso/ paupière

eyelight = vue/komona

F (ef)

fable = lisolo ya lokuta

fabric = elamba, materiel

fabricate = ko inventer, kotonga/ construire

fabulous = kitoko koleka

face = elongi

face = kobaloka na direction esengeli

face-cloth = essuie ya kosokolela elongi

face-lift = operation ya kobongisa elongi

face-saving = komibomba

facet = epai ndenge likambo ezali

komanana/ngam bu moko ya bijoux ou libanga

face-to-face = kotelema

liboso na liboso.

fact = fait

faction =makambo ya mabe/ discord

facial =
traitement ya
elongi

factual= yasolo,
reel

fade = kobeba
(fleur)

fag = kosala
makasi (ya
maboko – ex. ko
piocher)

fail = ko koka
te/echouer

failure = kozua
te

faint= ko perdre
mémoire

fair =
malamo/beau,
bon, agréable

**fair-
complexion** =
peau claire

fair-dealing =
kosala na
honnêteté

faith = kondimi
Nzambe/foi,

croyance

faithful =
kundima

fake = ya
lokuta/faux

fall = kokweya/climat ya Septembre

fallacious = ya lokuta

fallacy = ezali ya lokata

false = mabe

fantastic = malamo koleka

fami ly = libota/famille

farewell = ko pesa au revoir

farm = ferme

farmer = fermier

fashion = model

fast = noki

fasten = kokanga (ceinture)

fat = monene

fatal = ebomaka

father = tata

favourite = ko préferer

fear = kobanga

feast = fête

feather = plume ya ndeke

fee = mbongo (bafutaka) talo/salaire,

feed = kolesa

feel = ko yoka na nzoto (se sentir)

feet = makolo

fellow = moninga

female = basi

flair = kozala na don ya kusala eloko malamo

flake = étincele

flap = kobeta mwa moke

flash = éclair

flat = ezali plat

flame = flamme (moto)

flavour = saveur = gout

flaw = défaut, fente

flesh = misuni

flea =kinsekwa/puce

flee = kokima

flip = coup ya moke/mbata

flick= kobeta ya moke

fling = ko bwaka na kanda/lancer/ko faire envoler

float = kotomboka likolo/surnager

flock = groupe (troupeau)

flood = kotonda ya mayi na ndenge ya mabe

innondantion/

déluge

floor = plancher

flu = flu

fluency = koloba sans problème

fluid = liquid/mayi-mayi

flurry = ku se tracasser

fly = kopumbwa

foam = mousse

focus = ko concentrer

foe = ennemi

feotus = ebandeli ya zemi

fog = lundende

folder =
envelop

folk = bato

follow= kolanda

follower = mu
landi

fond = kolinga

food = bilei

fool= zoba

foot =makolo

football =
ballon, football

for = pona
(pour)

forbid =
kopekisa

force = makasi
(sala)

forearm=
liboso
loboko/avant
bras.

forecast =
koyebisa oyo
ekozala koya.

prévoir, projeter,
calculer

foreclose =
exclure

forefathers =
bakoko/ancêtres

forefinger = index

forefront = liboso (na ligne ya liboso)

forehand =avant-main/ na liboso ya loboko

forehead = na front

foreign = mopaya

foreman = chef, mokolo ya company to atelier

foremost = oyo azali mokonzi ya liboso

foresee = ko prevoir

foreshadow = ko announcer

foreshore = plage (zelo ya ebale)

forest = zamba

forestall = ku anticiper

foretooth = lino ya liboso (incisive)

forfeit = amende

fence = lopango/cloture

festival =fête

fever=pasi/

fièvre

few= moke

fierce = violant

fifteen = zomi na mitano

fight = kobunda

figure = figure, taille

file = dossier

filth = bosoto

finance = mbongo/finance

finis = Fin (of Book)

finish = kosilisa/

kosukisa

fire = moto

fish = mbisi

fishing = koloba

fishlike = lokola mbisi

fist = likofi

fit = kokoka, malamo

five = mitano

fix = kobongisa

flag = drapeau

flagging = ezali ko pendre

forget = kobosana

forgive = ko limbisa

form= forme, formalité

formal = na ndenge ya kimokonzsi (ceremonial)

format = dimension

formidable= formidable

forsake = kotika/ abandoner

fortunately = malamo, heureusement

fortune = bomengo

forty = tuku mineyi.

founder = moto oyo abandaki/

fondateur

fountain = source

four = mineyi

fourteen = zomi na mineyi

fourth = ya mineyi

fowl = bandeke

fraction =franction

fracture = ko bukana(mukwa)

fragile = pete-pete

fragrance = solo ya malasi

frail = faible

fraud = escroquerie/ fraude

free = libre

Friday = mokolo ya mitano

friend = moninga

frighten = kobanga

frog = likototo

from, prep. = epai (kowuta)

front = liboso

frost = ya kokangama (glass)

fruit =fruit (malala)

fry = kokalinga

full = kotonda

fume = mopepe yamoto/vapeur

fun = ko sakana

function = mosala/métier

fundamental = ya liboso/ya monene

furnace = place yak u tia moto

po na ko chauffer ndako

further = mosika/na sima

future = na oyo ezali koya sima

ft (abbrv.foot =lokolo

G (dji)

gabble = koloba –noki-noki

gadget = ka mwa eloko

gain = ku gagner

gallant = brave

gallivant = mobali ya ndumba

game= eloko ya kosana na ngo /jeu

gangster = bandit

gap = nzela

gape = ku bailler

garbage = kitunga ya kotia matiti, biloko ya salté

gargle = ko pangusa mongongo na mayi

garment = elamba

gaz= gaz

gas-station = sika ya kozwa essence.

gasp = ko respirer na pasi

gate = porte

gather= ko tia biloko nionso sika moko

gauge = ko mesurer

gay = esengo

gear = vitesse

gear-box = boite de changement de vitesse

in gear = embrayé, en marche

neutral gear = point mort

out of gear = mabe/derange

gender = genre (mobali to mwasi

gene =gène (DNA /AND)

general = general

Genesis = Genèse

genie = mayele koleka

genital = partie ya se yamoto

gentle = malembe/

malamo

genuine = ya ngo penza/yasolo

geography = geographie

geographer = geographe

geometry = geometrie

gesture = geste

get = kokamata

get-away = kokima

get-up = telema

gift = cadeau

ginger = tangawise

Giraf = Girafe

give = kopesa

glad = esengo

glamour = kitoko

glance = kotala na liso moko/coup d'oeil

glare = moyi/eclat

glass = kopop

gleam = mwa moyi/rayon ya lumiere

glide = ko glisser

glimmer = mwa espoir moke

glimpse = mwa liso, kobwaka un coup d'œil.

glitter = ko ngenga

gloat = ku devorer

global =global

gloom = butu/tenèbre

gloomy = esengo te, malili-malili, morne, triste

glorify = ko kumisa

glory = esengo

gloss = ko ngengisa

glove = ba gants (a main)

glow = ko briller (mwinda)

glum = kozala na esengo te/mauvaise humeur

glutton =moto oyo aliaka mingi koleka/

gourmand

go (v.) = ko kenda

goal = mokano/but

goat = taba

God = Nzambe

good = malamo/kitoko

good-class = awuti na famille ya malamo/bien élevé

good-fellowship = camaraderie

good-looking = azali kitoko

Good-Friday = Vendredi Saint

gorgeous = kitoko moyen te

gorilla = makako/gorille

gossip = kotonga

govern = ki bokonzi

gown = robe ya mulayi

grabble = ko luka ba mots ya koloba/tatoner

grace = Bolimbisi/Grace

gradual = moke-moke

grain = mboma/graine

grant = ko accorder/ ex. grace ya (Nzambe)/cadeau epesami na ndenge ya faveur, ex. une petite bourse to take for granted.

= ko zanga reconnaisance na moto asalisi kosalisa yo.

grasp = ko kanga moto to eloko par chance/hasard/

ex. singa

/occasion/to koyeba eloko.

grass = matiti

gratis = ya ofele/kofuta te

gratitude = reconnaince

gratuitous = gratuit/bénévole

gratuity = matabise

/pourboire

grave (greve) = tombe

graven = gravé/tailler

gravy (gre-evi)= supe ya niama

grease = mafuta ya niama/graise

great (gru-ete)= monene

greatly = na ndenge ya monene penza

greed (gru-ede)= ko lingam bongo to bilei na

ndenge moko ya makasi

greedy (gru-idi) = moyimi/egoiste

green (gru-ine)= vert/couleur

greet (grit) = ko pesana mbote/saluer

grief = pasi/douleur

grieve = ko sala pasi/chagrin

grill = ko tumba na makala/ex. (mbisi)/ku poser moto ba question ya maksi penza/ku insister po koyeba likambo.

grin = koseka/grimace

grip = ko kanga makasi

ex. to get a grip of the

situation = ko kamata situation bien en main.

grist = liboka/mouture

groan = ku gemir

ground = mabele/terre

group = group

grow = ko kola

grown = akola

grown-up = mokolo/adulte

growth = kokomela/croissance/produit/recolte

grudge (gru-a je)= kanda/rancune

grumble = ko murmurer

guarantee = ko garantir

guard = sentinel/kapita/garde

guess = ko kanisa/

guest = mopaya

guest-chamber = chambre ya ba paya

gulp = komeka ko avaler

gum = gencive (mino)

gun = monduki

gunboat =masuwa ya minduki.

gun-barrel=canon ya minduki

gun-deck = bateau ya guerre ezolaka nab a etage, na se sika ya kotia minduki.

gun-licence = permis yako zala na monduki

gun-maker = moto asalaka minduki

gut = mitshiopo (intestins)

gymnastic = gymnastique

H (ah-che)

habit = ndenge esalamaka

habitable = okoki ku vanda na kati

habitual = ndenge ezalaka

had = verbe avoir na passé.

hail = kopesa mbote/salut/ko souhaiter le bien-venu/esengo, appel/kopesa moto esengo na likambo ya malamo asali/kobwaka, to kosopa eloko ya mabe na se

Hail = koganga makasi po na kozwa attention ya moto.

ex.hail a taxi = kangisa taxi

hair = suki

hairy = na suki partout na nzoto.

half (halves) = kati-kati

half-baked = eloko ebela kati-kati/moitié - cuit/plan esimbi te/ezali developé te.

half-brother = kozala kaka mama moko to

kaka taka moko/

demi-frère

half-pay = ko futa kati-kati/payment en moitié

hallow = sanctifier, consacrer

halt – arrêt/ko tika likambo to eloko

ozalaki kosala/ ko stopper.

hammer = marteau

hamper = ko gener

hand = loboko

handbag = sac à main

handicap = desavantage

handicraft = métier. mosala

handiwork = mosala ya maboko.

handle = ko manier

handsome = kitoko

handle=bar = guidon (velo)

hang = ko suspendrer

harbour = port

hard = makasi (dur)

harden= ko komisa ya ngo makasi.

hardly = mbala mingi te/rarement

hark = yoka malamo

hark-back = tozongela conversation/revenir à ses moutons.

harm = mabe

harmful = lolenge ya mabe.

harmless = mabe te

harmonize = kosala ndenge ya malamo na

nionso oyo ozali kosala.

hap = ko koma par hazard

haphazard = hazard

happen = salami

happily = na esengo

harvest = moisson

hasty = noki

hastly = ndenge ya noki-noki

hat = ekoti

hate = koyina

haul = kobenda/ remorquer

have = kozala na/avoir

hazily= clair te/flou

he or **Ye**

head = moto

headache = moto pasi

head-dress= coiffure

head-light = phare

headline = ndonga ya liboso

headmaster= directeur/moto ya liboso

head-quarters = quartier general

head-office = bureau central

heading = titre

heal =ko koma malamo

health = santé

heap = tas/ya koni

hear = koyoka

heart = motema

heat = chaleur

heaven = ciel

heavy = kilo

heed = kosala attention

heel = talon

height = molayi

heir = heritier

hell = lofelo/place ya mabe après liwa ya nzoto awa na Se.

helmet =casque

hem = songe ya elamba

hen = soso

herb = matiti

herd =troupeau

here = awa

hers = ya ye

hesitant = ko zala na doute

hide = kobombana

high = likolo

hike = ko kende na makolo (ko marcher)

hiking = ko sala excursion

hill = mwa ngomba

him = ye (mobali)

hinder = ko pekisa

hip = loketo

hit = kobeta

hoax = blague ya mabe

hog =ngulu

hold = kosimba

hole = libulu

holiday = fête

holy = ya mosanto/sacré

home = ndoka nay o moko/chez soi

homonym = ndoyi/

homonyme

honest = moto oyo alobaka likambo ya solo penza/honnête

honey = miel

hook = crochet

hope = elikia/espoire

hopeful = kozala na elikia/ku esperer/

horrible = mabe koleka

horse = cheval

hospital = hospital

hot = moto, moto koleka, violent

hotel = hotel

hotwater bottle = bouillotte

hound = mbwa ya chasse

hour =
tango/l'heure

house = ndako

household
=ménage

houseful =
ndoko plein

housing =
logement

howbeit = ata
ndenge wana

however = ata
boyi

hub = centre

hubby = mobali
na ye

huddle = biloko
pêle-mele,
entasser.

hug = ko
simbana

huge = monene
penza

hum = ku
ronfler,
bourdonner

humain =
humain

humble =
humble

humid =
humide

humour = ndenge moto azali ko yoko/malamo to mabe.

hundred= kama (mbongo)

hunger =nzala

hungry =kozala na nzala

hunk = kiteni ya eloko monene

hunt = ko chaser (niama na zamba)

hurry = ko sala noki

hurt = ko sala mabe

husband = mabali/le mari

hut = hutte

hydrogen=hydrogène

hymn=Hymne

hyphen = trait d'union

hypothetic = ko kanisa/supposer.

I (ai)

ice = glace

ice-box = boite ya kotia ba glace/glacière

icon = Icône

icy = glacé

idea =likanisi

identical = ndenge moko

idiom = ndenge bato balobelaka

idiot = zoba

idle = asalaka eloko te

idol =bikeko

i.e. (id est) = c-à-dire

ignite = ku tia moto/allumer

ignorance = azanga mayele

ill = malade

illegal = illegal/elandi mibeko te

illegible = moyen ya kotanga ezali te/claire te

illegitimacy = na libanda ya mebeko ya l'Etat/elandi mibeko te.

illiteracy =
koyeba kotanga
te,
analphabetism

illiterate = ko
yeba kotanga ge

illiness =
maladie

illude = koloba
lokuta

illume = ku
éclairer,
illuminer

illusion = ya
solo te

illustrate = ku
éclaircir

"I AM" = ngai
nazali-et ngai na
zali/kombo ya
liboso ya Nzambe
devant Moïse/Je
suis dont je suis na
Biblia.

image = image

imaginary =
imaginaire

imbecile
=imbecile =
zoba

imbue =
kokotisa na kati
(pénétré)

imitate=
kolanda ndenge
moko

immaculate =
ata tache moko
te

immature =
ekomeli te

imédiate= noki

immense =
munene koleka

immoral=
ndenge ya mabe

immortal =
ekoki ko kufa te

immune = eko
sala te, vacciné

immunity =
bato mosusu
te/exeption.

imp/pixie =
ndoki/oyo azali
na misala ya
mabe

impact = eleki
mbeka/choc

impair = ku
diminuer/

kokitisa

imparity=

kokesana

impatience =
motema likolo

impede= ko sala
retard

imperative=
obligatoire

imperfect = imparfait

imperial = mokonzi monene

imperialism = croyance ya bato oyo balingaka ku kolonizer mbok'abato mosusu po ekoma ya bango.

implant = kokotisa na kati

implement = ko sala

yango/exécuter.

imply = kolinga koloba

implore = ko bondela

import = eloki ewuti mboka mosusu/

importer

importance = kozala na tina

impostor = moto ya lokuta

imposteur

important = kozanga makasi

i**mpoverish** =
ko komisa
pauvre

impress = ko
milakisa/

impressioner

imprint = ku
imprimer

improper =
malamo te

improve =
améliorer

improntu = ku
improviser

imprudence =
ko zanga ko sala
attention

in = na kati

inability =
kozanga makasi

incident = mwa
likambo ya
mabe/mwa
accident moke

inborn/inbred
= ya kobotama
nayango/inné

incinerate = ko
zikisa

inclination = ya
kotengama

include = na
yango pe/ y
compris

income =
mbongo

income-tax =
mpaku ya
l'Etat/impot

incompetence =
kozanga

 ya mayele/zoba

incomplete = ya
kokoka te

inconvenience
= ko gêner

inconformité =
ko zanga

koyokana

inconvenience
= gênant

inconvertible =
okoka ko balula

incorporate =
ko sangisa
yonso.

incorrect =
ezali juste te

incorrupu =
moto oyo
akosamaka
te/intègre/zwaka
mbongo ya
mabe te po na
kosala bato
mabe na place
ya moto mosusu

increase = ko
bakisa/ajouter

incredible =
oko ndima te

increment =
augmentation

indebted =
kozala na
niongo

indeed = ya
solo penza

indefinite =
mokolo/toujours

eyebani te/

indemnity =
compensation/
ko

dédommager

indenture =
titre, contrat

independence =

independance

indeterminable
= oyo ayebani
te.

indicate =
koyebisa

indict = ko
mema moto na
tribunal.

Indies = les
Antilles

indigenous=
moto ya
mboko/indigène.

indignation =
kanda/impatience/
rage

indirect = tout
droit te/na
mopanzi.

indispose =
malamo
te/fatigue/ennuie

indite = kokoma
mokanda to
discour/ rediger/

composer.

individual =
moto/ creature.

indoctrinate =
ko tondisa makanisi
ya moto nab a idées
ya sika to doctrine.

indoor= na kati
yandako

induce = ko
tindika/pousser/
ko tenter

/kobanda pasi ya
kobota na
mwasi ya zemi.

indulge = ko
flatter/ko
permettre yo
moko to moto
mosusu na ku
experimenter
eloko ya

esengo/ko gâter
/choyer/ko

cajoler

industry = manufacture/commerce/mosala

indwell = ko zala na kati ya lingomba, to ya communauté, tona place/kohabiter

ineffective = ezali ko pesa resultat ya malamo te/ sans effet.

inefficiency = kozanga organization ya malamo

inept = incompetent/

oyo ezanga experience/ekoka kosala te.

inertia = kilo-kilo/kosala eloko te/ko fanda kaka.

inexpert = kozanga koyeba eloko malamo.

infallible = akoka kosala faute te

infancy = kibomwana/eba ndeli ya bomoyi

infant = mwana moke

infatuate = kolinga na ndenge ya liboma/mais bolingo oyo ewumelaka te/temporaire/ku

rendre moto irrationel, to moto abungi na

passion/sentiment ya bolingo ya liboma.

infect = ekoti microbe

infer = ko kanisa/ku supposer.

inference = conclusion

inferior = na se/inferieur

nfiltrer = kokata na moyibi/pénétrer/ franchir.

infidel = moto okoka kotia confiance te.

infirm = kozanga makasi na nzoto, soit po na maladi to po na

konuna/faible/k
ozanga
charactère to
structure ya
makasi.

inflame = kanda
makasi/

enflammer.

inflation = talo
ya biloko nionso
emati/kosamba
ekiti.

influencer =
kosala likambo
na sima ya..

influenza =
grippe

informal =
simple

informed =
kozala au
courant

infraction =
contrevention

ingrat = ingrat

ingratitude =
kozanga
reconnaince

inhale = ko
kotisa mopepe
na kati/aspirer/

respirer

inherit = ko
zwa mbongo to

biloko famille
etikeli moto

inhibit =
kopekisa

inhumain =
mabe
koleka/barbare

initial = ya
liboso

initial letters
(baletter ya
liboso)

initiate =
kobanda

inject = ko pesa
tonga

injection =
tonga

injunction =
mokano ya
Etat/ordre

/commendement

injury =
pota/mabe

ink = encre

inlet = mwa
nzela ya mayi ya
moke.

inmate = moto
ya boloko

inmost = oyo
penza ya se/ya
motema/ya

secret/ya yo moko/ya profound.

inn – hotel

inner = oyo ya kati-kati/ya privé/ya personel/ya makanisi/oloko oyo okoki komona na miso te.

input = contribution/ eloko ezali ko kota na kati po na kobimisa eloko ya sika ya malamo/ produire.

inquire = koluka koyeba libambo/kotuna/

demander

inquisition = ko sala enquête

inquisitive = curieux/bizarre/

étrange/étonant.

insane = liboma

insanity = liboma

insist = ko insister

inspection = inspection

inspire = inspirer

instigate = ko banda/ko pousser

institute = institut

evening institut = cours de soir pour adult.

instruct = ko lakisa/instruire

insult = kofinga

insure = ko assurer

intake = quantitéya

liquide oyo moto ameli oyo ezali na kati ya nzoto na ye/ to bato oyo ba zali admis na place, to na organization.

integer = entier, nombre entier

intelligence = mayele

intend = kokanisa kosala

intercede = intercéder

interceder = intercesseurs

interest =
intéresser

interfere =
komikotisa na
makambo ya
bato, oyo etali
yo te.

interdepend =
ko dependre na
l'un et l'autre

interpret = ko
balula/

interprêter

interrogate =
kotuna

interrupt = ko
kata maloba

intervene =
kobongisa

interview =
entrevu

intestine =
misthiopo

into = na kati

intoxicant =
masanga ya
makasi.

introduire = ko
kotisa/ko
présenter

invest = investir
(mbongo)

investigate =
koluka ko yeba

invite = ko bengisa bato

invisible = oyo ezali

komonana te

invoice = quittance/reçu

/facture.

invoke = sambela na/benga puissance monene ex. Yesu/ko soulever idée moko to émotion/invoker

.

Invulnérable = okoki/kosimba te/ko violer te/ko boma te/ko kota te/Immortel/

Eternel.

iodine = iode

iron= fer

issue = écoulement/

sortie/

questions/point

item = eloko

itemize = en detail

iterate = ko
répéter

ivory =mukwa
yanzoko/ ivoire

J (Jé)

jacket = jacket

jail =
boloko/prison

jam= confiture

James =
Jacques

Japan = Japon

jape =
kosakana/

plaisenterie

jar =molangi/

cruche

jaunt =
kotambola
moke/mwa
promenade

jaunty = léger

jaw = mbanga/

machoire

jalous = jaloux

jean= blue jean

jeer = ko seka/se moquer

jeopordize = ko tika na danger/ko risquer

Jerusalem = Jerusalem

Jesus = Yesu/Jesus

jug = cruche

justify = justifier

jut out = eloko ebima libanda/se projeter.

juvenile =bana mike/ba Jeune.

K(ké)

keen-eyed= regard perçant

keen-sighted = aux yeux perçants

keep = garder

keeper = gardien

kidnap = koyiba/enlever

kidney = reing

kill = koboma

killer = mobomi

kin = ndeko/famille

kind= bon

kindred = famille moko.

king = mokonzi

kingdome = royaume

kingship = kimokonzi

kiss = ko pesa moto soni/ embrasser

kit = mwa equipment

kitchen = cuisine

kitten = mwa chat

knee = libolongo/genou

keel = kofukama

knife= mbeli

knit = tricot

knob = bouton (porter)

knock = frapper

knot = ko kanga/lier/noeud

k**now** = koyeba

know-how = savoir faire

knowing fellow = malin

knowledge = koyeba/connaiss ant

knowingly = na mayele/ruse

knowledgeable = bien informé

L (el)

label = etiquette

laboratory = laboratoire

labour = mosala

laboured = laborieux, pénible

labourer = manœuvre (aide-

maçon)/moto ya mosala ya maboko.

labouring = moto oyo

azali kosala.

lacerate =
kopasoka

lack= ko zanga

lacy= ya dentel

lad = mwana ya
mobali/jeune
homme

ladder = echelle

lady/ladies =
basi

lake = lac
land =atterir
mabele/ferme/

lupangu

land-impot
foncier

language =
monoko

lame = boiteux

lament = kose
lementer/kolela

lamp = mwinda

lap = les genoux

large = mauvais

lash (mèche)

lass = mwana ya
mwasi/jeune
fille

lassie = fillette

last = dernier

late = tard

laugh = koseka

launch = ko lancer

law = mobeko

lawyer =avocat

layman= profane

lay-out = dessin

lead =conduire

leader = conducteur

leaf = lokasa

leak = kotanga (mayi)

lean = moke penza (maigre).

leap= ko sauter

learn = koyekola

least = ya moke penza/le

plus petit

leather = cuir

leave =ko longwa/ permission/

conge

lecture = kosangana/confe rence

left = /loboko ya mwasi/gauche.

leg = lokolo

legal =légal

legislate = kosala ba lois

leisure = loisir

lend =kodefisa

length = molayi

lengthen = kokomisa molayi

lent = caréme/gene

lethal = mortel

level = niveau

liable = responsable ya likambo.

liaison = union

liberal= généreux

liberty = liberté

liberia = Libéria

librarian = bibliothécaire

library = bibliothéque

librate = koningisa te/balancer

Libia = Lybie

lice (pl.) louse =
ka mwa niama/
insect ya plant.

licence =
licence, liberté,
permission,
permis

lick = ku lecher

lid = couvercle

eyelid =
paupière

lie = lokuta

life-insurnce =
assurance ya
vie.

lie = kodanda ya
kolala/se
reposer.

lie-in = grasse
matiné

lifeless = vie
ezali te

lifelike = lokola
moto

life-long = ya
vie mobimba

lien = droit,
privilège

lieu = lieu

 in lieu of = en
place de

lift = tombola

light= moyi, clair

daylight = jour

light = moto/kopelisa moto.

light-headed = motu legère.

light-hearted = motema malamo/esengo

lighten = ko tia mwinda/éclairer

lighter= moto allumaka/

briquette

lighthouse = phare

lightsome = clair, éclairer

like = kolinga malamo

likeable = ya bolingo/aimable

likelihood or likely = nakanisi.

likely = ezali komonana que (akoya)

likeness = resemblance (portrait)

likewise =
ndenge
moko/aussi

Lilongwe =
capital ya
Malawis

lily = lily (fleur)

limb = lokolo to
loboko

limber = kilo
te/souple

limberness =
souplesse

limbless =
kozango lokolo
na loboko

limit =
kosuka/limit

limp = ko kende
na
mopanzi/boiter.

limpingly =
lolenge ya
kotengama/ ko
kekende na
mopanzi/ko
boiter.

line = molongo

lineage =
famille

linen = ba
linge/serviette

dirty linen =
linge sale.

linen-room =
lingerie

linger = ko
wumela mingi

lingua franca =
monoko oyo bato
ebele
bayokanaka, na
mboka oyo ezali
minoko ebele (ex.
Lingala, Kikongo,
Swahili).

linguist =
etudiant oyo
alobaka monoko

ya mboka
mosusu
malamo.

linguistics =
etudes ya ba
minoko mosusu,
na ndenge pe
elobamaka.

lining =
doublure

lion = lion

lip = lèvre

lip-service =
maloba ya
lokuta

liquid = liquid
(ex. mayi)

liquor =
masanga
makasi.

lisp/flap = defaut ya pronunciation ya (s,z) – koloba na lo lemo

list = liste

listen = koyoka/écouter

literacy = koyeba kotanga na kokoma.

literate = moto ayebi kotanga pe kokoma.

literature = mosala ya kokoma.

lithium = lithium

litmus = tournesol

litter = kobwaka ba matiti.partout – desordre

litter-bin = kitunga ya kobwaka matiti.

little = ya moke

live = ko fanda

live = bomoyi

lived = ya bomoyi

livehood =moyen yako vivre.

livelong = durable

livestock = ba animaux elevés/

domestics (bangombe

,meme, taba, ngulu, etc.

lively = ya bomoyi

liver = foie

living = ko fanda na

bomoyi

load= kilo

loaf = mapa ya milayi

loan = eloko ya kodefa

local = local, regional

locate = kotia na sika

location = epai

lock = fungula

lodge = mwa ndako

log= ba koni

logarithm = logarithme

long-dated = ya kala

longer = molayi koleka

loiter = ko lekisa tango

look = tala/regarder

looker-on = spectateurs

nice-looking = kitoko

ill-looking = kizala de mauvaise humeur

looking-glass = mirroir

loom = métier ya kotonga

loop = eloko ezali na forme ya cercle to oval

loop = kanga

to loop the loop = kanga

monoko/epression ya kanda/v. kokanga/taire.

loop-hope = ko kosa /échapatoire/ko surprendre/ko choquer moto.

look-out = tala malamo

loose = ko fungula (ex. lizita)

loosen = kofungama

lope = ku advancer

lord = Mokonzi/ Massiya

lore = savoir (science)

lose = ko bosana

loser = mobosani

loss = perte

lot = tas

lotion = lotion

loud = kogangamakasi/ likolo/

lounge = ya kolala

love = kolinga

love-affair = makango

love-song = nzembo ya bolingo

love-story = lisolo ya

bolingo

loveless = ezanga bolingo

loveliness = ya bolingo

lover = moto alingaka

lovestick = malade ya bolingo

lovingly = wa bolingo

low = na se

lower = ko kitisa

lubricate = kotia mafuta

lucid = ezali na éclairge/

lumineux/

luck = chance

licrative = ekopesa mbongo ebele.

ludicrous = ridicule/oyo

esekisaka

luggage = baggage

Luke = Luc

lukeward = mayi ya moto moke

lull= ko lalisa/bercer

lullaby = berceur

lumber = mabaya/kobend a ba kilo/trainer/ki monunu

lumbering = ku encombrer moto.

lump = kovimba/mass

lunacy = liboma

lunar = lokala sanza

unatic = lokola moto ya liboma.

lunch = kolia na midi

lung = poumon

lungwort = plante ya zamba na forme ya poumon, couleur bleu, violet et rose,ebimaka na Europe ti na Asie

lupus = bonkono/lupus

lurid = ba couleur ya makasi koleka

na ndenge ya
mabe/criyant.

lurk = ko zala
ekenge/kozela
na position ya
kobombana.

lurker = moto
oyo azali ko
mibomba

luscious =
kitoko
koleka/plein de
jus.

lust = kolinga
ya
mabe/envier/des
ire ardent.

lustrous = ko
ngenga

luxurious =
oyo mbongo
ebele/kitoko
koleka/eloko ya
lux

luxury = lux

lyceum = Lycée

lying, v. to lie =
koloba
makambo ya
lokuta

**lying-in
hospital** =
kozala na
maternité.

M (em)

macadam = macadam

macadamization = macadamisation

machine = machine

machntosh = impermeable

maculate = ko tacher (salité)

mad (pr. ma-e d) = liboma

madcap = zoba, vrai zoba, liboma

madden = ko komisa liboma/kanda

madhouse = ndako ya bato ya liboma

Madacascan = malgache, moto ya Madagascar.

Madacascar = Madacascar, ezali Ile na ocean Indien na ngambo ya Afrique

magazine = revue

Magellan =Magellan

magi = mages
(bato ya meyele

magic = magie

magician =
ndoki

magistrate =
magistrat

Magna-Charta
= Charte ya
monene

magnate =
moto monene,
elongo na ngolu.

magnesium =
magnesium

magnet =
magnetique

magnetometer
=

magnetomètre

magnification =
ko

komisa/glorifier/
exaltation

magnitude =
monene
koleka/grandeur.

mahagony =
bois d'ajou

maid = mwana
ya mwasi

chambermaid
= femme de
chambre

maiden = ya mwana ya mwasi

mail = mikanda

main = ya important ya liboso/principal

mainland = continent

maintain = ko maintenir

maintenance = entretien

maisonetter = ka mwa apartment.

majesty = moto monene

make = kosala

maker = mosali/créateur

malachite = malachite

maladroit = mabe

malaise = bien te

malaria = malaria

male = mobali

malicieux = mabe

malign = malin

malignant = malin, méchant/elingi kopanzana.

malnutrition = kolia ya mabe.

maltreatment = traitement ya mabe.

Mama = Mama

man = mobali

manège = ko diriger/conduire

management = administration

manager = directeur

mandate = commandement/ mandat/ordre.

mandiburlar = mandibulaire

manful = d'homme/ya kimobali.

manganese = manganèse

manger = crèche

mango = mangue

mania = liboma

maniac = liboma

manicure =
soin ya
manzaka.

manifold =
multiple/ebele

mankind = bato
ya mokili

manna= Mane

manner =
ndenge, ezaleli

manoeuvre =
manoeuvre

mantel =
manteau

manuel = ya
maboko

March = Mars
(mois)

Margin =
marge (papier)

maritime =
maritime

mark = marque

marker =
markeur

marriage =
kobalana

marry = kobala

mart = entrepot,
marché

martyr = moto
oyo a soufraka

mingi/martyr/vi ctime.

marvel = malamo penza

Mary =Marie

mask = masque

mass =celebration ya Eglise Catholique Romaine.

massacre = koboma sans cause/génocide/gue rre/bataille/assassin at/ku massacre.

massage = frotement/frictio n/ku

masser/kolekisa maboko na makasi na nzoto.

master = maitre

mastoid = kovimba ya mastoide

match = allumette

mate = moninga

matriculate = kokamata ba inscription.

matrimony = vie ya marriage

matter =likambo, eloko

matter-of-fact = pratique

Matthew = Mathieu

mattress = matelas

maximize = ko mema likolo

mauve = mauve

May = Mai (sanza ya mitano)

meagre = pauvre/maigre

mean = mabe

mean = moyen

meaning = kolakisama

meantime/mean while = dans l'entretemps

measles = rougeole/ maladie

measure = mesure

meat = mbisi/viande

meddle = ko mikotisa na likambo ya etali yo te/ se meler

medical = medical

medicine = medicament

meek = humble

meet = kokutana/kosan gana

meeting = lisangani/

rencontre

melt = ku fondre (glace)

member = membre

memory = memoire

men = mobali

manacing = kobanda matumoli/pasi/

mobulu.

mend = kotonga racommeder

mendacity = lokuta

mender = racommodeur

mending = kotonga/

racommodage

menopause = menopause

menses = règles/sanza

mensurable = measurable

mental =
mental/ya motu

mention =
koyebisa

merchant =
commerçant

merchantable
=ya
kotekisa/vendab
le

merciful = ya
mawa

merciless =
kozanga ya
mawa

Mercury =
Mercure

mercy=mawa
ya
Nzambe/grace

mere =
mayi/lac/étang

mere = simple,
pur a mere nothing
= eloko ya moke
kaka/ un peu de
rien.

merge =
kosangana

(ex. ba société
basangani)

merit = ku
meriter

messenger =
messager

Messiah=Messie

messianic =
Messianique

messy = bosoto

metabolic =
métabolique

metamorphose
=
kobaloka/konager
ba form ya nzoto
/changement
physique.

metaphor = ko
comparer na
biloko mebale na
mwa phrase –ex.
pembe lokola
papier/langage
figurative.

meter = mètre

method =
ndenge

middle = kati-
kati

middle-aged
=mbula ya kati-
kati

middleman-=
moto ya kati-
kati.

middle-sized =
taille

moyenne

midget = ka
mwa moto ya
mokuse koleka.

midst = na kati ya

midwife = sage femme

mild = léger

mile =1609.3 m

milk = mabele – milk

mill = Moulin

mimic = kolandela

mind = mayele, esprit

mineral = mineral

mingle = ku melanger

mining = explotation de mine

minister = Ministre

ministry – ministère

minor = moke

minus =moins (-)

munite-book = le registre de proces verbal.

miracle =miracle

miror = miroir

mischief=mabe

misconduct = comportement ya mabe

miserable = mawa

misfire = ku rater/ebaloki mabe/a fusiler mabe/esimbi te.

misfortune = malheur

misgovern = ki bokonzi ya mabe

mishap = mesaventure – malheur

misinform = information ya solo te/ko pesa ba information lokuta.

misinterpret = interpreter mabe/ezali boye te.

mislead = kobungisa/kolak isa ndenge ya mabe

mispronounce =ko prononcer mabe

misread =
kotanga mabe

miss = mwana
ya mwasi/Mlle

miss = manquer

missing =
absent

mission =
mission

missionary =
missionnaire

misspel =
kokoma mabe

misspend =
gaspiller

misstate = ko
pesa raport ya
mabe

mistake = ba
foti/erreur

mistaken = ko
se tromper

mister (Mr.)=
Monsieur/tata
oyo

mistress =
maitraisse

mistrust = ko
zanga

confiance te.

misunderstanding =
ko comprendre

mabe/mal entendu

misusage = ko abuser

misuse = kosalela mabe

mite = to baniama mike-mike.

mitigate = ku adoucir

mix = ku mêler

mix-up = confusion

mixer = eloko ya ko

 sangisila

moan = ko lela/makelele

 ya mopepe

mob = bato ebele/multitude.

mock = ko seka (bato)

mocker = moto oyo

asekaka bato

model = mannequin/

modeliste

moderate = adoucir

moderator =
moto

oyo azali ko
diriger,
moderateur

modern = ya
sika
oyo/nouvauté

modest =
simple

Mogadishu =
the capital city
of Somalia

moist =mayi-
mayi/humide

molar= molaire

moment = sika
oyo

monastery =
ndako ya sango

money=
mbongo

money-bag =
sac ya-mbongo.

money-bill =
mobeko
yambongo

money-changer
= changeur ya
mbongo

moneyed =
moto yam
bongo/rich

moneyless=
kozanga

mbongo

money-market
= marché ya
mbongo

money-order =
mandat postal
(chèque ya poste
to ya banque oyo
moto asombi po
na kutinda
mbongo epai
mosusu/to kofuta
niongo.

money-taker =
caissier

monition =
avis,
avertissement

monotonous =
monotone

monster =
monster

month = sanza

monument =
monument

mood = ndenge
moto azali
koyokela/

humeur

moon= sanza ya
likolo

moon-calf =
zoba

moonlight =
clair de lune

moot = ko
sangana/ku
debattre ba
discussion

mop = ekombo
ya eponge

mope = moto
azali na
mawa/to eloko
ya kosala ezali
te/ennuyer

morbid
=maladif

more= ebele,
mingi

morning =
tongo

mortal = ya
liwa

Moses = Moïse

mortgage =
niongo ya ndako
ya credit.

mostly = po na
la plupart

moth-ball =
boule ya

naphtaline (solo
na

bilamba)

mother = mama

motherhood= maternité

motherless = ko zanga mama

mother tongue = langue

maternelle

mount = kobuta

mountain = montagne

mountainous = montagneux

mourn = kolela

mouth = monoko

mouth-organ = harmonica

move=

kolongola/

deplacer

movement = movement

much= ebele

much-loved = kolinga mingi

mucous = lokola miyoyo

mud = poto-poto

multiple = ebele

multitude = bato ebele koleka.

mump = ku bouder

mumps = maladies contagieuses/oreillo nscausé par ba verus/kovimba ya baglande salivaire/pancreas, testicules pe ovaires/

mumpish = ko zala na **humeur** ya mabe

munch = ko lia to biloko-ya mike-mike

murder = koboma

murderer = mobomi

museum = muse

must = kosala yango kaka.

mute = moto oyo alobaka te

mutton = meme/mouton

mutuel = kopesana/kosali sana/réciproque

myope = myope

mysterious =
moyen ya koyba
ezali te

mystic = biloko
ya butu/ténébre

myth = mythe

N (en) lettre ya zomi
na mineyi ya alphabet

nap = ko se
reposer/kolala
moke

nag = ko tuna
likambo moko
mbala na
mbala/ko

continuer ko
critique moto/ko

embeter moto
tout le temps.

nail = manzaka

naïve/naïf =
kozanga
koyeba/mwa
mayele

naked =
motakala

name = kombo

nap = kolala
mwa moke

napkin =
serviette

Napoleon = Napoléon

narrate = ko yebisa/raconteur

narrow = ya moke

nasal = ya monoko ya

mbombo

nasty = mabe/mosoto

natal = ya kobotama

nation = ekolo

native = mokolo mboka

nature = nature

naught = eloko te/zero

naughtily = na ndenge ya mabe

nausea= posa ya kosanza

navel = motolo/nombril

navel-string = cordon

ombilical

neat = kitoko/proper

necessary = nécessaire

necessitate = esengeli

neck = kingo

neck-band = tour-de-coup

necked = na kingo

neckchief = foulard

necklace = colier

neck-tie = cravat

need = besoin

needle = tonga

needle-woman = coutirière

needlework = eloko ya kotonga/ouvrage

needless = tina te

needy = muzangi eloko

nefarious = mabe

negative = ya mabe

neglect = kozanga ya soin

négocier = kokakola

neighbor = voisin

neighbourhood = epai na biso

neither = ata/ezala moto oyo to moto wana

nephew = neveu

nerve = courage

nervous =kobanga

nest = cage ya ndeke

net = filet

net-maker = motongi ya ba filet

network = réseau

news= ba sango

news-agent = motekisi ya ba journaux.

news-stand = sika ya kotekisa ba journaux/

kiosque

next = pembeni

nibble = ko grignoter

nice= malamo

nickel = ba centimes

mitano

nickname = kombo ya mokuse

niece = niece

niggar = moto akabaka te/miserable.

night = butu

night-gown = robe ya kolalila

night-shirt = chemise ya kolalela

night-time = butu

in the night time = na kati yabutu

night-work = mosala ya butu

night-long = butu mobimba

nightly = nocturne

nil = rien/zero

Nile =Nil

nimble =makasi te/ léger

nine = libwa

ninefold = mbala libwa

koleka

nineteen = zomi na libwa

ninny = zoba/de mokuse (niais)

ninth = ya libwa

nip = ku pincer

nipping = ezali ko swa

nitrate = nitrate

nitrogen = azote

no = te

Noah = Noah

noble = moto munene/rafiné/ ya malamo/rich.

nobody = moto te

nod = ko ningisa moto

noddy = zoba

noise = makelele

noiseless = makelele te

noisily =makelele

noiseness = makelele mingi

noisy =
makelele
koleka.

nomade = ko
fanda sika moko
te/moto akendeke
bipai na bipai.

nonage =
minorité

non-attendance
= absence

none= nul

nonsense =
buzoba

non-stop =
kozanga

stopper

non-transferable =
ya yo
moko/personnel

non-union =
non-syndiqué

non-smoker =
mimeli makaya
te/non-fumeur

noodle = zoba

nook = ku
réduire

noon= midi

nor= ni, ni

normal
=normal

north = nord

northerly = oyo etali epai ya likolo/ nord

northern= oyo etali na ngambo ya nord

nose = zolo

flat nose = zolo ebatama

nostril = narine/minoko ya mbombo

not = te

notably = surtout

notary = notaire

note = note, signe

credit not = lettre de credit

noteless = peu remarkable

noteworthiness = importance

noteworthy = digne ya kozala remarkable

notice = préavis/tala/yeb a avant

notice-board = affichage

notify = ko yebisa

notion = idée

Nouakchott = capital ya Mauritanie

noun = kombo/nom

nous (nu's or naus) = mayele niveau ya intellecctuel).

novelty = nouvauté

now = sika oyo

nowadays = na mikolo oyo

nowhere = epai te

nude = motakala/nu/ noyau

numb =kokangama

nullify = annihiler

nomber = nombre

numbness = kokangama

numeral = ba chiffre

numerous = ebele

nuptial = libala

nurse = infirmier (ère)

nurture (v.) = ko lakiksa bana mike/ bilei

nutrient = nourrissant/belei malamo

nutrition =alimentation

O

O (o-u) lettre ya zomi na mitano ya alphabet

oaf = zoba

oasis = oasis

oath = serment

oatmeal = quaker

obdurer (v.) = ko sala têtu

obey = ko obéir

object = eloko

object (v.) = koboya

objective = lokano/but

oblige = obliger

obligatory = obligatoire

oblique = oblique

oblong =
rectangle

obnoxious =
mabe penza

obscene =
mosoto/bosoto

observe =
komona/kotala

obsess =
kokonisaka
tongo nionso

obsolete =
yakala

obstacle = eloko
ya mabe na
nzela nayo.

obstetric =
obstétrique

obstruct =
kopekisama

obtain =
kozala/ko
kokamata

obtrude =
komikotisa na
makasi

obtuse =
obtus/zoba

obviate = ko
barrer/éeviter

obvious =
yasolo

occasion= na
tango ya.

occident =
occidental

occupancy =
sika ofandi/

possession

occupant =
locataire/

habitant

occur =
kosalama

occurrence =
likambo

ocean = ebale

o'clock = tango
(montre)

Octobre =
OCTOBRE/sanza
ya zomi.

odd=
ndenge/drôle

odd-looking =
ezali ndenge

it makes no odds
= esala eloko te.

of = ya

off= mosika

offence =
kofinga/ngambo/

crime.

offend = ko sala
pasi (na
motema)

offer = ko pesa

offering = offrande/dime

off-hand= na tango ya liboso

office = bureau/ndako ya mosala

officer = fonctionnaire ya l'Etat

official = officiel/ndenge esengeli.

offset = ko balancer/

repousser

oil = mafuta

oil-tanker = petrolier

O.K. = malamo/kitoko

old= mobange

old-established = esalama kala

   in olden time = na tango ya kala

Olive = nzete ya Olive

Oliver = Olivier

omolette = omolette

omen = likambo ya mabe

omit = kobosana

omnifarous = ya ndenge na ndenge

omnipotence = ngolu

bipayi nionso/

omnipotence

omnipresence= kozala sika nionso na tango nionso/

omnipresent.

omniscience = koyeba eloko nionso na tango nionso/omniscient

once = mbala moko

one = moko (1)

one-armed = loboko moko

one-eyed = liso moko

one-self = ye moko

oneness = kozala elongo/unite

only = yangokaka

onomatopoeia=
onomatopée/kol
anda mongongo
to son ya eloko
oyo esengeli.

onset =na
ebandeli
début/attaque

onslaught =
attaque

open =
kofungola.

open-handed =
akabaka/

asalisaka

open-eyed =ko
sala

attention/liso ya
kofungwana.

open-hearted =
franc/franche

open-minded =
liberal/flexible

open-mouth
=monoko ya
kofungwama =
bouche bée

operate = ko
opérer

operator =
opérateur

opinion =
lolenge ya
makanisi/avis

opponent =
monguna

oppose = kozala na likanisi ndenge moko te.

opposite= ngambo ekeseni/vis-à-vis

opposition = kozala na ngambo mosusu/

opposition.

oppress = ko traiter moto na ndenge ya mabe/ko dominer.

onus = charge/

responsabilté/

onward = liboso/en avant

opt = kopona

option = kopona

oral = ya koloba/oral

orchestra = orchestre

ordain =ko koma na /koponama/élire

ordeal = likambo ya pasi/

order = mitindu

ordinance = ordonance

ordinary
=ndenge
esalamaka/

souvent

organ = organ

orient = oriental

orginate = ko
wuta

orphan=mwana
azangi
baboti/orphelin

other = mosusu

ought =
esengeli/il faut

our = ya biso

oust =
kobengana/

outbreak =
kobima
(malade)/kosala
ma/explosion.

outdo (awt-doo)
=kosala mieux que
moto mosusu.

outburst =
kanda/kosalama/

explosion

outcast =
kobimisa na
makasi/expulse

outcome =suka
ya
likambo/résultat

outdated = yak
ala penza

outdoor = na libanda

outfit = elamba /

outflow = ko kita (mayi)

outgoing = oyo ezali

kobima (mbongo).

outhouse = hangar

outing = promenade na zamba.

outlaw = ezali lisusu mobeko te

outrage = likambo/eloko oyo bato basepelaka nay a ngo ate moke te.

outright = sika-sika oyo/sur-le champ.

overcharge = ko lekisa mbongo ebele.

overcoat = par-dessus

overcome = kolonga

overcrowd = bato beleki mingi.

overdose = dose eleki mingi

overdue = mikolo eleki/na

retard po na ko regler ex. niongo, to likambo.

overflow = eleki/inonder

overgrow = kokola ya trop

overhaul = ko tala

lisusu/verifier

overhear = nayoki

overheat = kolekisa moto makasi.

overland = na nzela (voie) terreste

overlap = kolekana/ko kweya sika moko

overlook =kotalana na epai/ ko remarquer te

overpass =
kozanga yak o
remarquer.

overpay = talo
eleki mingi

overpeople =
bato baleki
trop.

overpopulate =
bato baleki

overpraise = ko
komisa ya
mingi.

overreach = ko
kosa moto

override = ko
dominer/

surmener

oversee = ko
tala malamo/ko
surveiller.

oversleep = ko
lala mingi

overstress = ko
insister

overt = ya
kobombana te

overthrow = ku
renverser

overtime –
heure
suplémentaires

overwhelm=
koleka mingi

overweight = kilo eleki

overwork = mosala koleka

overworn = kolemba mingi

owe = kozala na niongo ya bato

owner = mokolo ya eloko

ozone = ozone

P (pi) lettre ya zomi na sambo ya alphabet

Pacific = koyokana

package = colis

paddle = pagaie

paddle (v. pagayer)

paddler = pagayeur

page = page

pageant = spectacle

pail = katini

pain = pasi

paint = couleur

pair = mibale

pale = pembe (pale)

palm = liboso ya loboko.

palmer = pèlerin/moto akendekie/ko jeuner.

pamphlet = brochure = tomikanda ya mike-mike.

pan = casserole, marmite/poéle

panic = kobanga

panties = culotte ya bana mike/to ya basi.

pant = palpitation/batte ment

panther = pathère = lion

pantry = garde-manger

pants = caleçon/ pantalon

pap = mamelle

papa = tata

paper = papier

Papua =
Papouasie,
Nouvelle-
Guinée

papyrus =
/mokanda
livre/manuscrit

parabola =
parabole

paradise =
paradis

paragraph=par
agraphe

parcel= colis

parent = ba boti

Paris = Paris,
capitale ya
France.

palour = mwa
salon ya moke

part = partie

partake = ko
participer

partition =
kokabola na ba
partie.

partner =
associé

party = parti
(politique), fête

pass = ko leka

passage =nzela

passion =
sentiment ya
makasi/émotion
oyo eleki ndelo
(ya esengo, ya ko
yina, to ya kanda).

passover = fête
ya Paque

past= ancien, ya
kala

pastor = pasteur

pastoral =
likambo etali ba
pasteur/pastoral.

patch = kiteni

path=nzela

pathway=nzela

patience =
patience

pattern =
modèle

pay =salaire

pay-day =
mokolo ya
kozwa salaire

peace = paix

peculiar =
bizarre

pedagogy =
pédagogie

pedestrian =
moto a
tambolaka na
makoko.

pee= ko suba/uriner

peel = kolongola poso

peep = ko tala na mayele na ndenge ya kobombana.

peeper = moto ya (curieux)

peer = ko sonder/ko tala eloko nini moto okoloba na likambo oyo. Makanisi na ye ezali kokendele na bi payi wapi?

peeve = ko silica

pelvic = basin

pencil = eloko ya kokomela/ crayon

pension = pension

pentagon = Pentagone

people = bato, nation

people say = balobaka ..

pepper = pili-pili

percentage = pourcentage

perfect = malamo koleka

perform = kosala

perfume =parfum

period = tango

permit= ekoki kosalama

peroxide = peroxyde

perpetual = ekozala kaka

person = moto

persuade = ko tindika

pervade = ko kota, kopanzana/

dominer

petition = kosenga, ko bon

petrol = essence (de petrol)

petro-can = bidon ya essence

petroleum = petrole, huile

petty cash = mwa mbongo ya

mike-mike na bureau, po na kosala ba depense ya mike-mike.

pew = kiti ya ndako ya Nzambe

pharaoh= pharaon

pharmacy = pharmacie

pharynx = pharynx

phone = téléphone

photo = photo

phrase = phrase

pick = ko buka (cueillir)

piece = kiteni

pier = poton ya mayi

pierce = kotobola lidusu, to monoko likolo ya eloko/ kokotisa na lidusu.

pig = ngulu

pile = tas

pill = pilule

pilot = pilot

pillow = oreiller

pimple = bouton (peau)

pin = épingle

pin-case = boite ya epingle

pink = couleur ya rose

pipe = tuyau

piquancy = koswa

pirate = koyiba sans autorisation(œuvrel/livre)

piscina = piscine

piscine = ya mbisi

piss = ko suba

pit = libulu (cavité)

pitch = kobwaka (libanga/bal)

pitcher = cruche = mbilika

pitcher = moto abwakak ballon/lanceur/baseball

pitiful = ya mawa

pity = mawa

place = epai

plain = uni

plaint = plainte

plaintiff = moto azali kofunda likambo

plait = kotonga suki/natte

plant = nzete ya mike

plantain = makemba

plaster = platre

plate = sani

play = kosakana

playmate = moninga

playwright(play-rit) = dramatist=

mokomi ya makambo (lisano) ya télévision, ya theater to po na radio. Ba bengaka bango pe naba kombo oyo writer, author, scriptwriter.

plea = losambo/supplication/demande urgent.

pledge = parole d'honneur

plead = ko bondela/ku implorer/kopesa raison na ku se justifier/ku sala déclaration ya kondima faute na yo to koboya yango.

pleasant = moto ya esengo/moto ya

malamo/eloko ya kitoko.

please = kosepela na (moto,eloko).

pleasure = plaisir

plaugh = charrue

plug = bouchon

plum = fruit/raisin sec

plumber = moto oyo asalaka na mosala ya ko arranger to ko reparer ba tuyau mayi ekendeke soki ezali boucher. Plombier

plume = feather/mapapu ya minenen.

plumper = lokuta, tricherie (vote donné à un seul candidat)

plump for : =ku voter po na moto de tout ceour.

plunder = piller/pillage

pneumonia = pneumonie

pocket = libenga/poche

pocket-book = portfeuille

pocket-money = mwambongo na poche

poise = kofanda calm

policy = mibeko

polemic = koswana

poll = sondage (kutuna bato, bakanisi nini na likambo etali (liste ya bato)

poltroon = poltron

pond= liziba

Praai = capital ya Cape Verte

pray (v.) =kosamba

prayer = losambo

precaution = ko sala attention

precious= ya talo/tina

precise = yango penza

predict = koyebisa

prefer = kolinga

prefix = mot oyo batiaka liboso ya mot

pregnancy = zemi

prepaid = kofuta liboso

preparation = préparation.

presence = sika oyo

pretty = kitoko

prevent = kopekisa

previous = ya liboso

price = talo, mbongo

pride = lofundu

principal =ya liboso/premier

procrastinate = kozela kosala likambo.

proceed = continuer/

avancer

proof = preuve

protect = ko batela

provoke = kobanda matumoli/koban da problem

punish = kopesa punition

Q (Kiu) lettre ya zomi na sambo ya alphabet

qualify (kwa'lifai)= ko zalamayele /kokoka kosala likambo/eloko

quest = koluka/kolandela/k otala ndenge ya kokoma na sika ozali kodendele/enquete.

question = motuna

quick = noki

quit = ko longwa

R (ar) lettre ya zomi na mwambe ya alphabet

Rabbat = capital ya Maroc

race =ekolo

race = course

racing = ba course

racket =makelele, moyibi

racketeer= moyibi, escroc

radar = radar

radiate = ko pesa ba éclat

radiance = ko ngenga

radio = radio

raffle = tombola

rag = kiteni ya elamba/chiffon

rage = kanda monene

railroad/railwa y = chemin de fer

raiment = elamba yakala

rain= mbula

rainbow = arc-en- ciel

raincoat = impermeable

raindrop = litanga ya mbula

rainfall = mayi ya mbula nionso oyo ekweyi na sika moko

rainy day = mokolo yambula

ex. save for a rainy day = bomba mbongo po na mokolo ya pasi.

raise = ko telema, kotombola

romenade/excur sion

raise from the dead = kolamboka na liwa (Yesu)

raise hell = kosilika mabe

raise one's eyebrow= kotombola miso

likolo po kolakisa que boye te.

raise one's voice = koloba

rake = Dionga

rally
=kosangana ya
bato po na cause
moko.

ranch = ferme

random=
hazard

range =
molongo ya
biloko

rank = molongo
ya bato

rape = ko kanga
mwasi na
makasi.

ransom =
mbongo oyo
bafutaka na

exchange ya
kozongisa moto
oyo bakangi na
moyibi

rape = kokanga
mwasi na
makasi

rapid = noki

rapport =
relation ya
malamo na bato

rash = maladie
ya peau

rattle off= ko
bengana

reach = ko
koma na/samba

read = kotanga

ready = ko zala prêt

ream = tas ya papier

realm = royaume

reap = ko buka/moissoner

reason = tina

rebate = kokitisa (talo)

rebel = ko tomboka

rebirth = kobotama lisusu

rebuild = ko tonga lisusu/ndako/

immeuble.

rebuke = ko gangela/

reprimander.

recall = ko yeba lisusu

recapitulate = ko loba na mokuse

recapture = kobotola oyo monguna ayibaki.

recede = komilongola

receipt = quittance

receive = kokamata

receiver = receveur

receipt=stamp = timbre ya quittance

recent = sika oyo/na tango oyo ya sika/

receptacle = kitunga

recess= ko tika nano moke likambo ya obandaki kosala (mwa conge).

recipient = moto oyo akamataka eloko

recite = ko repeter (koyemba)

reclaim = ko zongisila

recognition = reconnaissance

recoil = ko kweya lisusu

recommit = kozongisa na boloko

recompense =

dédommagement

reconcile = ko zongisa

/reconcilier

record = ko enregistrer

record = dossier/document

recorder = enregistreur

recount = kotanga

lisusu/recompter

recoup = kozongisa/ku

rembourser

recourse = lisalisi

recover = kokoma malamo/kozongela position ya liboso/ko reprendre.

rectal =nzela ya

masoko/rectal

rectangle = rectangle

rectum=banda mutshiopo ya

munene na nzela ya masoko/rectum.

recuperate = ko koma

malamo/na sense ya maladie to na sense ya finance retablir/

récupérer

recur = ko salama lisusu

red = mutani/couleur

redeem = ko limbisa/ko racheter/(faulte)

redeemer = musungi

(Yesu), liberator

redemption= kosunga

redress =ko corriger

reduce = kokitisa/

diminuer

redundance =kosala

ndenge moko mikolo nionso/ko bayer.

re-embody =
kokotisa

lisusu/réincorpore
r/kotia na forme
ya sika.

refer = ko
referrer

refine = ko
rendre pur
(liquid)

refit = kobongisa
(elamba)rajuster

reform = ko sala
lisusu/

ko corriger

refrain = ko
bimisa nanu
te/koyebisa nanu
te.

reframe = ko tia
lisusu na cadre/

refresh = ko
rafraichir

refrigerate = ko
tia na frigo.

refrigerator =

frigo/frigidaire

refuel = ko tia
essence

refuge = sika ya
ko bombana

refugee = /refugié

refund = ko
zongisa
(mbongo).

refurbish = ko
komisa

eloko ya sika

refurnish = ko remeubler

refusal = action ya koboya

refuse = ko boya

refuse = poubelle/fulu

regain = ko regagner

regal = ya ki mokonzi/Royal

regale = ko sepela

regard = respect/amitié

regarding = soki po na/ quant à

regardless = ata bongo/malgré tout

register = registre/liste

electoral

registrar = greffier/

secrétaire

registration = enregistrement

regress = ko zongisa sima

regret =
mawa/regretter

regroup= ko
regrouper

regular =
regulier

regularize= ku
corriger

rehabilate = ku
eduquer lisusu

reign =
règne/period ya
temps wana
mokonzi azali
ko exercercer
pouvoir na ye na
mboka wana.

reimburse = ko
zongisa
(mbongo) na
mokolo na
yango.

reincarnate =
kotiya eloko na
forme ya sika/
kobotama lisusu

reinforce = ko
renforcer

reiterate =
koloba
lisusu/répéter.

reject = ko
bwaka/koboya

rejoice = ko
sepela

rejuvenate = ko komisa

jeune/rajeunir.

relapse = rechute

relate = ko yebisa/raconteur

relation = relation

relative = kozala famille moko.

near relative = ndeko ya pembeni/ya ngai/ya yo.

relax = ko fanda kaka/ko se detendre.

relay = ko recevoir pe kopesa message na bato mosusu.

release = kobimisa (na boloko/libérer)

relevant = ya malamo/ qui convient.

reliable = ekoki ko tia confiance

relief = soulagement

relieve = ko soulager

relight = ko tia lisusu mwinda/

rallumer

religion = religion

relinguish = ko tika ya ngo.

remain = ko tikala

remainder = oyo etikali

remark = ba remarque

to pass remark on = kosala ba remarque na.

remarry = kobala lisusu

remedy = kisi/remède

remember = ko se rappeler

remembrance = souvenir

remind = ku se rappeler

remit = ko sala remise na

remnant = oyo etikalaka

remorse= mawa

remote =
mosika

remount = ko
tia na
likolo/remonter

remove =
kolongola

remunerate =
ko rémunérer/
ko retribuer/

recompenser

rename = ko
pesa
kombomosusu

reencounter =
ko kutana lisusu.

rend =
kopasula/

déchirer

to rend asunder
= kopasola na bi
teni mibale

rude = impoli,
koloba ndenge
ya mabe

rust = couleur
rouillée

rusty= echanger
couleur ya
brune, roullée.

ruthless =
kozanga
motema ya
mawa.

S (es)

Sabbath =
mokolo ya repos
(mokolo ya
yenga ya ba
Juifs

Sabbatical =
repos université
appesaka na
professeur oyo
asali (mbula 7 po
nab a etude to ko
voyager.)

sabotage = ko
negliger
likambo ya
moto

sack = sack ya
monene

sacred = eloko
ya mosanto

sacrifice = ko
pesa/ to
komipesa

sad = mawa

sadly = na
ndenge ya mawa

safe = ya
malamo/likamb
o ya mabe te

sage =
sage/attention

sagitarius=sagit
aire/ signe ya
zodiac/sanza ya
kobokatama

sail = kotambosa bateau, na mayi.

sailor = moto asalaka na bato/marin.

saint = mosanto

sake (for) = pa na bolingo for God's

sake = po na bolingo ya Nzambe

sal = mungwa ya sodium na Pharmacy.

salad = ndunda okoka kolia ya mobeso/salade

salary = mbongo ya kufuta moto ya mosala.

sale = ya koteka/vente/

solder

sales tax = taxe ya eloko osombi.

salesman = mobali atekisaka

saleswoman= mwasi atekisaka.

sales-clerk = motekisi

saliva = soyi

salon = salon

salt = mungwa ya kolambila

salutation = kopesana mbote

salute = mbote/salut

salvation = salut (de Dieu)

same = ndenge moko

sameness=

ekokana/

uniformité

sample = ya kolakisa

bato/model/

échantillon.

sanctified = ezali ya mosanto

sanctuary = sanctuaire

sand = sable

sandbag = sac de terre

sandal= sandale

sandwich = biteni ya mapa mibale na musuni to eloko na kati.

sanify = kobongisa ba conditions hygienique

sanitary = ya hygiene

Santa Cause = Père Noel

Sarah = Sarah

sardine = sardine

satifaction = kosepela na eloko

saturate = kokoka/ekoki

place ezali lisusu te

Saturday = mokolo ya Poso

sauce = soup

onion sauce = soupe ya onion

sausage = saucisse

savage = musenzi/moto pamba

save = ko sauver

saving = kobomba mbongo/ to eloko po na tango ya pasi

saving–bank = ndako ba bombelaka

mbongo/caisse d'épargne.

savour = gout ya biloko

savvy? = o' yoki?/compris?

saw = scie

saw = ko scier

say = koloba

saying = maloba

as the saying is = ndenge balobaka/comme on dit

scale = échelle

scalp = poso ya moto/cuir chevelu

scandal = likambo ya soni

scant = moke

scar = cicatrice/ elembo

scarce = rare

scarcely = à peine

I scarcely know her= nayebi ye penza bien te scarcity or scarce.

scene=scène

scent = odeur scent-bottle = flacon ya parfum

schema =
plan/diagrame
oyo elakisaka
kaka ba parties
important ya
eloko/dessing

scheme =
plan/ruse/

kinzonzi ya
kosala mabe

scholar =écolier

scrap = ba
miette, ba bout
ya papier.

scrap-basket =
kitunga ya kobwaka
ba marceaux ya ba
papier ya mike-
mike.

scream , v.=
koganga

screen, n. =
écran

screw, n. = vis

script =
makambo oyo
ekomami/Ecriture/

manuscript

Scriptural =
Ecriture Saint
(biblique)

scroll = rouleau

scrub = kosala
makasi/ku
frotter

scrutinize = ko tala penza malamo-malamo/ ko examiner à fond.

sea = ebale

seal = cachet

seam = couture

season = saison

season-ticket = carte

d'abonnement.

seat = kiti

seclude = komilongola/kof anda mosika na bato.

secondary = secondaire

secondary education = école secondaire

secret = secret

secretary = secrétaire

see= komona

seed = mbuma

seek = koluka

seem = ezali kolakisa que

seethe = kotokisa

segregate = ku separer

seize = ko saisir

seldom = rarement

select = choisir

self = moto ye moko

self-confidence = kovanda na confiance koleka

self-conscious = kozala na connaissance ya yo moko

self-consciousness = ko zala na soni/se gêner

self-contradiction = ko se contredire yo moko

self-defense = ko mibatela

self-dependant = makombo manso yo moko okomisalelaka/ ko dépendre nayo moko.

self –educated = komilakisa /koyekolayo moko/

self-employer = kozala

patron ya yo moko

self-esteem = ko se

respecter

self-evident = elakisi que ezali ya solo penza.

self-examination = examen ya conscience

self-explanatory= emonani que ezala ya solo

self-improvement =

ko mibongisa yo moko

self-govern= ko zala mokonzi ya yo moko

self-healing = ko se guerir yo moko

self-inflicted = volontaire

self-interest = interet personnel

self-invited = yo moko okei sans invitation

selfish = okabaka te

self-love =
komilinga
yomoko

self-made =
komibongisa yo
moko

select-neglect =

komibosana yo
moko/sans soin

self-praise = ko
mikumisa

self-preservation =

komibatela

self-sacrifice =
ko se sacrifier

self-service =
libre service

sell = kotekisa

seller =
motekisi/

vendeur

semi = demi

semi-circle =
demi cercle

semi-annual =
moitié ya mbula
semestriel (ba
sanza 6)

semi colon=
point virgule,
système ya
ponctuation.

seminar = groupe ya ba etudiants oyo bazali kosala sous direction ya professeur/cours hors ya programme/

réunion na sujet moko special.

send = kotinda

sender = moto atindaka

eloko

senior = mokolo, aîné

sense = sens

sentence = phrase

sequence = suite

serial = ezalaka par serie

serious = grave

seriously = gravement

sermon = sermon

serpent = serpent

servant = servante

serve = ko server

service =
service

serving-maid =
servant

set = kotia/ko
poster

settling=
Etablissment/

arrangement

settler = colon/

seven = sambo

seventeen =
zomi na sambo

mosambo

several = ebele

severe =
severité

sew = coudre

sewage = ba
mayi ya toilet

shade =
ombrage

shadow =
ombre

shake =
secousse

shame = soni

shape = forme

shapeless = sans
forme

shatter = ko kata mike-mike

sheep = Meme

sheet = papier

shelf = rayon/ba étagère

ship = bateau

shirt = chemise

shoe = sapato

shoe-string = lacet ya

sapato

shop = magazine

shopper = /musombi eloko/acheteur

shore = libungu

short = mokusa

shotage = kozanga bilei

short-handed = bato ya misala moke

short-sighted = myope/

qui a la vue courte

courtness = court-durée

shorts = culotte court/calçons

short = mokuse

shoulder = lipeka

shout = ko ganga

shrimp = crevette

shrink = ko komisa moke

shrug = ko tombola mapeka

shuffle = ko trainer/ko marcher malembe na ndenge yako benda makolo

shuffle = ko sala ba confusions

shun = ku eviter, ko kima

shunt = ko garer mutuka

shunting = ko changer nzela

shut = ko kanga

shuttle = ko sala ba va-et vient

shy = soni

sick = bonkono

sick-bay = poste ya ba malades

sick-bed = mbeto ya malade

sick-brained = malade ya cerveau

sicken = ko rendre malade

sickish = ko zala na mwa malade moke/indisposé.

sickly= maladive

sickness = ko yoka posa ya kosanza/nausea

sick-room = chamber de maladies

side = epai/côté

sidelong = na mobanzi/de côté

side-track = nzelagarage

sidewalk = nzela ya makolo/trotoire

sideway/sidewise = de côté

side whyskers = ba favoris

sidle = ko marcher à

côté/insunuer

sift = ko yungula

(fufu)/tamiser

sigh = ko pema makasi

to heave a sigh = ko soupirer

sight = ko tala/komona/vue

slightly = kitoko na kotala

sight-seeing= ku visiter sika mboka ya sika/ kotala kaka

sign =ko tia loboko/signer

sign-post= Poteau indicateur

signal = signal

signature = signature

signer = signataire

signify = vouloir

silence = makelele te

simile = koseka moke/sourire

simple= simple

simplify = ko simplifier

sin = masumu

since = po na

sincere = sincere

sing = ko yemba

singer = moyimbi

single= moko abala te

sink = esika ya kosokola basani

sinless = moto azanga masumu

sinner = moto ya masumu

sinus = sinus (creux na mikuwa ya motu)

sir = Monsieur

sirene = sirène

sister = ndeko mwasi

sit = kofanda

sitting = Scéance/audience

sitting tenant = locataire oyo

afandi na ndako
ba tekisa.

situate = situer

six = motoba

sixteen= somi
na motoba

sixth = ya
motoba

sixty = tuku na
motoba

size = taille

skill = mosala
ya maboko

skim = ko leka
ya mobanzi

skin-deep=
kitoko ya poso
yanzoto enunaka
/superficiel.

skin- disease =
malade ya
posoya nzoto

skinny = moke
penza/maigre

skip = ko sauter

skirt = jupe

skull =
motu/crane

sky= likolo

sky-rocket =
fusé

sky-scrapper = ndako milayi/grate-ciel

skyward = etali likolo

slack = pantalon

slam = kokanga na makasi

nyionso (porte)

slang =koloba ya ba vocabulaire ya mabe/jargot/

slash = ko kata /critiquer/ko massacrer

slaughter = koboma

slave = mowumbu

slay = koboma

sleep = kolala pongi

sleeper = moto alala pongi

sleeping = pongi

sleepy = posa ya kolala

sleeve = loboko ya chemise

slender = moke/mince

slice = ki teni/tartine ya lipa/tranche

slide = ko glisser

slight = moke penza

slim = taille ya moke

slip = ko glisser

slipper = ba pantoufle

slit = ko pasola nzela/fendre

slot-machine = distributeur

sloth = fainéant (e)

slouch = kofanda na position ya ki molo/nzoto kilo (lourd)

slow = malembe

sluggard = pareusseux

sluggishly = na ndenge ya

ki pareusseux

slum= ba quartier ya

mabe

slumber = sommeil, repos

slur = ko salir, tacher

sly = mayele mabe/malin

smack = ko beta/claquer

small = moke

smart = mayele/

intelligent

smash = kopasola na

biteni/briser

smear =salir, tacher

smell = solo/odeur

smelt = ko fonder

smile = koseka/sourire

smith = forgeron

smoke = milinga

smoky = ezali na milinga mingi.

smooth = pete-pete/ lisse

smother= ko zanga

pema/étouffer

smuggle = kobima na

moyibi/koyiba

snack = ko lia ya mike-

mike (ex. nguba)

snail = escargot

snake = nioka

snap = kosala noki/surprise

snapshot = kokanga noki (instantané –photo)

snatch = ku saisir, to

kobotola

sneak = ndenge ya kobombana

sneer = koseka bato

sneeze = ko éternuer

sniff = ko aspirer na zolo

snigger = ko seka ya lokuta

snout = monoko ya ndeke/bec

snug = ka mwa ndako

moko ya bien penza

so = bongo.

soak = ko tia na kati ya

mayi to liquid.

sob = kolela ya makasi

soccer = football

social = social

sock = chaussette

sofa = canapé

soft = pete-pete

soften = kokomisa pete-pete

soil = salete, tache

solar = ya moyi

soldier = soldat

solid = makasi (eloko)

somebody = moto

somehow = ndenge

nionso.

someone = moto

something = eloko

sometime = mikolo mosusu

somewhere = epai nionso

song = nzembo

soon = sika oyo

sooth = ko apaiser

sorcerer = ndoki

sore = pasi

sore throat = pasi na mongongo

sorely = gravement

sorrow = pasi na mawa

sorry = pardon

soul = ame

sound = sonner

sound = kozala na bon état

safe and sound = sain et sauf

soundless = makelele te

soup = soupe

sour = ngayi

sow = ko lona

sower = moto oyo alonaka

sowing-time = tango ya kolona

space = espace

spank = kobeta mbata

spare = ko bomba/épargner

spark = étincelle

speak = koloba

speaker = moto azali koloba

spear = lance

specify = ko bongisa likambo malamo

speed = noki/rapidité

speedly = noki

spell = ko tanga ba letter

spend = ko dépenser

spew = ko sanza

spice = épice

spider = araignée

spill = ko sopana

spin = ko balula

spinach =ndunda/

épinard

spinal = mokongo

spirit = molimo

spit = ko bwaka soyi

spite/in spite of

malgré tout

spoon = luto

spoil =gater

sponge = éponge

spot = tache

spring = jaillir

sprinkle = aroser

square = carré

squeeze = ko coincer

staffs = bato ya mosala

stage = estrade

stalk =nzete ya plante/tige

stammer = bagayer

stamina= résistance

stanza = strophe

staple = agrafer

stare = regarder

staring = kotala titi (en le regard.)

start = kobanda

starter motor = démarreur

starve = ko kufa na nzala

state = état/ko declarer

station = station

stay = ko zala/rester

stead = epai/lieu

steak = steak (viande)

steal = koyiba

steam = mopepep/vapeur

steel =libende

stem = nzete ya plante/tige

step = un pass

stick = baton

stiff = makasi

still =calm/encore

sting =
solo/odeur

stir = kobalula/

stomach=
libumu

stomach-ache =
libumu pasi

stone = libanga

stone-blind=
miso ekufa
penza

stool =tabouret

stool = selle
(nieyi)

stop = ko tika

storage = sika ya

kobomba ba biloko

store = magazine

story = histoire

story-teller =
moto-ya

lokuta/muyebisi ya
masolo

stout =

makasi/robuste/

brave

stout-hearted =
courageux

stove =
lituka/fourneau

stow = ko tia
sika
moko/entasser

straight =
droit/tout droit

**straight-
forward** =

direct/liboso na
yo.

**straight -
forwardly** =

libela/carrément

straighten =

kobongisa/

arranger

strain =
filtrer/passer

liquid/serrer

strainer = oloko
yaku

filtrer

straggle =
éparpiller/bipai-

na bipai/ça et là

stranded =
kokangama/oza
ngi.

mbongo/ozaangi
moyen ya
transport

strange =
ndenge!bizzarre

stranger =
mopaya

strangle =ko
kanga na

mongongo/

étrangler

strap = bande

shoulder-strap
= bretelle

strapper =
mobali ya

mbinga/grand
gaillard

strapping =
fort, bien bati.

strapping
women = mwasi
moko ya mbinga.

straw = paille

strawberry =
mbuma ya fraise

stray = kobunga

streak of
lightning =
éclair/moto ya
likolo/foudre

stream =
mayi/ebale
fleuve

strem-line
=nzela ya
mayi/rivière

street = nzela

street-lightning
= mwinda

ya nzela/lumière

strength = makasi

stretch = kobenda

strict = ko zala précis

stride = kosala pas ya monene

string = singa

strip = ruban

stripe = ndonga/rayer

stroke = arrêt ya sang na cerveau/coup/ kobeta ya kake/

likambo monene oyo ezali na effet makasi koleka.

ex. lightning = coup de foudre

stroll = mwa promenade moke

strong = makasi

struggle = kobunda,

kosala makasi

stub = souche ya chèque

stubborn =motu makasi/têtu

study = koyekola/étude

stuff = biloko/

materiaux

stuffness = kozanga mopepe/ étouffant.

stumble = kotutana na.

stun = ko sala impression

monene.

stunning = en tout

cas/kitoko moyen te

stupid = zoba

style = genre

subject =sujet, question

sublease/sublet = sous location.

sublet = ko sous louer

subside = ko kita/diminuer

sub-title = sous-titre

substitute = ko remplacer

subtract = ko soustraire

suburb = banlieue

succeed = kozwa/gagner

such = lokola

suck = ko sucer

sudden = mbala moko/tout d'un coup.

suffer = ko mona pasi

sugar = sukali

sum = mbongo

summit = sommet

summons = convocation

sun = moyi/soleil

Sunday = dimanche

sun-glasses = lunette ya moyi.

sunlight= moyi/ya journée.

sunny = moyi/mokolo ya

moyi.

superintend= surveiller

superintendent = chef directeur

supersede= remplacer/

rejetter, annuler/kokamat a place to role ya moto mosusu na bureau.

supply =biloko/ provision

support = soutenir

suppose = kokanisa

sure = kozala sure

surgeon = chirurgien

surname = prénom

surplus = excédent

surprise = ya kokamwa

surrender = komipesa

surround = ko encadrer

survey = inspection, examen.

survive = ku survivre

suspicion = soupçon

swab = tampon (cotton)

swallow = avaler

swear = ko jurer

sweat = sueur

sweep = kokomba

sweet = sucré

swell = kovimba

swift = rapide

swim = nager

synopsis= na mokuse/resumé ya masolo/bref

T (ti) lettre ya tuku mibale ya alphabet

table = mesa

tabular = ko arranger na ndenge ya tableau

tail = mokila

tail-light = feu-arrière

tail-rope = singa ya remorque

tailor = tailleur

tailor-made = tailleur

tailoress = tailleuse

tailoring = mosala ya tailleur

taint = kobeba/gateux/

kopola

tainted-meat = niama/viande epola

take (v.) = kokamata

taker = preneur

tale = ba histroire

talk (v.) = koloba

talent = talent

tall = molayi

tally-clerk =pointeur

tap = petit coup (door)

talkative = bavard

tambour =
tambour

tamper = ko
mikotisa/ se
mêler

tape = ruban

red tape =
routine

administrative

tar = goudron/

goudroner

tar-brush =
bross yako
goudronner

tardily =
malembe

target = tina/but

tart =
ngayi/acide

tariff= tarif

task = mosala

taste = gouter

tattoo = tatouer

taunt = injure

tax = impot

tea = thé

teach = ko
lakisa (classe-

teacher =
Molakisi

tea-cup = kopo ya komelela the

team = équipe ya ba jouers

team-mate = membre ya equipe moko.

team-work = kosala elongo/mosalay a batonionso

tear = larme

tear-drop = litanga ya larme/kolela

tearful = prêt ya kolela/tout en larme.

tearless (ter-less) = kozanga mayi na miso/sans larme

tease (tise) = ko sakana/ko plaisaner

teasing = ko taquiner

tea-spoon = cuillère à thé

teaspoonful = petite cuillerée

teat (tite) = mabele (téton) ya ba animaux.

tea-trade =
commerce ya
thé

technical =
technique

**technical
adviser** =
conseiller
technique

**technical
education** =
enseignement
professionnel

technical school
= école

professionnelle

technicality =
terme technique

technician =
technicien

technics =
technologie

technological =
technologique

technologist =
technologue

technology =
technologue

ted = ku faner

Teddy = Edaour
(dimunitif)

tedious
=ndenge moko

kaka (ko bayer)

teenager = bana ya mikolo/ ba adolescent

teens =bana banda mbula 13 timbula 19

teeth = mino

telegram = télégramme

telegraph = télégraphe

telepathy = télépathy

telephone = téléphone

telescope = télescope

televiewer = télespectateur

televise = kolakisa na télévision

television = television

television-set = appareil, ya television

tell = koyebisa

teller = moto amemaka maloba/ ranconteur

tell-tale =
rapporteur/ya
masolo

temper = bizaleli
(kanda

to bisengo)

temperature =

temperature

Temple = Temple

temporarily =

temporairement

temporary =
temporaire

temporize = ko
zeal moke

tempt = ko tenter

temptation = ko
tenter

ten =
zomi/dizaines

tenancy = epai
locataire azalaka

tenant = locatair

tendancy = ko
zala na

tendance/

disposition

tenderly
=ndenge ya

bolingo/

tendresse

tennis = tennis

tenor = ténor (koyemba)

tense = temps (verbe) **tense** = ko zala tendu

tensor = tenseur (muscle)

tent = tente

tenth = ya zomi

tenure = kozua mosala ya

kimolakisi ya/toujours

tepid= mwa moto/tiède

term = terme

trimestre/tango/l imité

terrific =likambo

penza/terrible

terrifier = moto oyo or eloko ebangisaka (mbwa)

terrify = bobangisa

terrific = terrible

terror = kobanga /terreur

terrorism=terro risme

terrorist = moto to organization esalaka bato mabe/terroriste

test = épreuve

test-match = nouvelles global sur internets/ya affaires/economy/ finance/ et sport international

test-paper = papier yaexamen

test-tube = prouvette

testify = ko Témoigner

testimonial

témoignage/

certificat

testimony = témoignage/

attestation

tetanus = tetanos

text = texte

text-book = livre ya

école/manuel

textile = textile

textual = ndengetextuel

textually =
textuellement

than = conj. que

thank = kopesa
merci

thankful =
kozala

reconnaissant.

thankgiving =
kosala

action de graces

that, those
=wana, bawana
kuna

tarmac = piste
po na avion ko.
terir./macadam.

tarry =
goudronné

tarry = kozela
moke

task = mosala

taskmaster =
kapita ya
mosala.

taste= ko goûter

tasteful = eloko
ezalikitoko/rafin
é/ya haute class/
na gout

tasteless =
ezanga gout

tasting = ko
goûter

termite = ka mwa

 insect ya pembe

the = article (Le na français.)

theatre = theater

thee/thou = Yo/toi, tu

theft = moyibi

theirs = ya bango

them= bango

theme = theme/ sujet

themselves = bango moko

then= bongo

theologian = théologien

theorem = théorème – proposition oyo ba koki ko prouver que ezali ya solo (Math.)

there = epai kuna

thereafter = na sima

thereby = na ndenge wana

therefore = po na bongo

therefrom =banda wana

therein = na kati nayango

these = biloko/bato oyo awa

thick = ya kilo/épais

thicken = kokomisa kilo/épais.

thief = moto ya moyibi

thieves = **thigh** =

thin = moke

penza/mince

thinker = moto

third = ya misato

akanisaka

thirst = posa ya mayi

thirteen = ya zomi na

sato.

thorough = mobimba

thoroughly= mobimba

hough=ata ndenge wana

thread = singa

threat = ménace

threaten = ménacer

threatening = ko menace

three = misato

three-decker = étages misato

threefold = mbala misato/triple

three-headed = na mito misato/à trois têtes.

three-ply = ba épaisseur misato

thrice = mbala misato

thrift = épargne/na ndenge ya prudence/ mayele

throne = trône

thousand = koto

thrill = ko pesa chair de poule/frisonner

Tripoli = capital ya Libye

thrive = ko bonga

malamo

throat = kingo

throe =
pasi/douleur

throng = bato
ebeke/foule

throw =
kobwaka

thrust =
kotindika/

enfoncer

thumb =
mosapi ya

monene

thumbnail = ya

mokuse/racourci

thump = ko
beta likofi.

thumper =
eloko ya

monene

thunder =
tonnere

thunderbolt=
kake

thunder-clap =
coup ya kake

**thunder-
shower** =

mwa mbula
moke nab a kake

thunderstorm = mbula

makasi na ba kake

Thursday = mokolo ya mineyi

thus = ya ngo wana

thyme = thym (épice)

thyroide = thyroïde

ticket = billet, ticket

ticket-collector = controleur

ticket-office =

guichet/bureau

basombaka ba ticket

tickle = ko chatouiller

tidily = na ndenge ya

malamo/en ordre

tidiness = ordre ya

malamo.

tie = ko kanga/nouer

neck-tie = cravat

tie-clip = pince
à cravate

neck-tie =
cravate

tie –up = kosala
mwa
association,
union/(affair)

tiger =niama
mabe/tigre

tight=
kokangama

makasi

tighten =
kokanga makasi

tights = collant,
maillot

tile = ba carreau
ya plancher

till, prep. = ti-i-
sika oyo

till = ko
timola/kosala

bilanga/labourer

tiller = moto
asalaka bilanga

tilt = kokitisa
(motu)

full tilt/motu
nase

time = tango

time-keeper =
surveillant ya
tango

ex; to be a good time keeper = kotosa l'heure

time-lag = décalage

time-sheet = papier ya

kosala présence

tin = fer ya pembe/étain

tingle = kosala mokosa (matoyi)

tingling = tintement yamatoyi

ip (abrev. angl) = (internet

protocol/ image processing online/suka ya misapi

tip-toe = kotambola na songe yamisapi ya makolo

tire/tyre (ta-ye) = pneux ya

mutuka

tired (ta-yé)= kolemba/fatigue

tiresome = kolemba/

monotone/

fatiguant

tissue = tissue/ko tisser

tissue-paper = papier

de soie

title = titre

titter = koseka ya kobombana

toast = ya kokalinga, rotir

toaster = machine ya

 kotumba mapa

today = mokolo ya lelo

toddler = ko marcher

nab a pas ya mike (bana)

toe = misapi ya makolo

toe-cap = suka ya sapato

e-nail = linzaka ya lokolo

toggle = kangisa/kotisa na monoko ya eloko –kanga ya ngo makasi.

tolerate = ku supporter

tomato = tomate

tom= tombeau

tomfool = zoba

ton= tone

tongue = lolemo

tonsil = amygdale/kati ya mongongo

tonsillitis = maladie ya amygdale

too = yangope/elongo /aussi

tool = eloko ya kosalila

mosala ya maboko/

instrument

tooth/teeth = lino/mino

toothache = pas ya lino

tooth-paste = pate ya

mino/dentrifrice

tooth-pick = cure- dent/mwa kanzete ya moke po na kolongolela biloko ekangami na mino

top = lokolo

torture = ko torturer

toss = ko bwaka en l'air

torch = torche, flambeau

torch-bearer =

mumemiya flambeau

torch-light = mwinda

ya torche.

tourment = kopesa

moto pasi

torpid = kokangama/

engourdi

touch = kosimba

touchable = oko

tow = ku remorquer

towing-rope =

remorqueur

trace = kolanda nzela

trachea (Med.) = nzela oyo mopepe ekendeke na mongongo

track = mwa nzela piste

trader = commerçant

trading = commerce

traffic = traffic, mobomgo/ commerce

trail = mwa nzela,

 trainée,

trainee =stagiaire

training = education,

instruction discipline

traitor = traitre

trample = ko niata/

ecraser/fouler

tranquil = calme

transact = ko sala ba

affaires

cash-transaction = kopesa mbongo sur place

transcend = ko dépasser

transfiguration =

transfiguration =

ko changer na ndenge mosusu (Yesu)

transit = passage

trapeze=

trapèze

travel = voyager

tray= plateau

tread = kolanda nzela ya/ ko tambola na nzela ya

treading = ba pas, ba

marche

treadle = kotambola, ko

pedaler

treadmill = Moulin ya discipline

treason = trahison

high treason=haute trahison

treasure = trésor

treat = traiter, soigner

treatment = traitement

treble = mbala misato/tripler

trebling = mbala

misato/

triplement

tree= nzete

trembler = kobanga

tremendous = elekani penza

tremor = tremblement (mabele)

trend = ko se diriger/ndenge ezali kokendele

trepass = ko kota na

parcelle ya bato

sans permission/ko

violer mibeko

trial = komeka/épreuve

triangle = triangle

tribe =ekolo/ tribu

triffler = moto ya muto likolo

trim = ko kata ba songe ya eloko po

ekokana na taille/ko garner.

trimming = ko bongisa/garnir

trinity =trinité

trip = ko trébucher

triumph = kolonga

true (adj.) = likambo ya solo/réel.

truly (adv.)= ya solo

trunk = coffre

trust = confiance

truth = verité

turkey = dindon

Tunis = capital ya Tunisie

tutor = mulakisi privé

twelve =zomi na mibale

twenty = tuku mibale

twice = mala mibale

twig= to ba mwa nzete ya mike (branche)

twinkle = clin ya liso/étincelle

two = mibale

type = ndenge

tyrant = mokonzi ya mabe.

U (you) –Lettre ya tuku mibale na moko

ugly (o'gli) = mabe

unable = moyen ezali te

unauthorized = kozanga authorization

unacceptable = ya kondima te

unacknowledged = eyebani te/sans réponse (letter)

unacquainted = koyebana te/ mopaya na..

unaffected = kozala kaka ndenge moko

unapproved = non apprové/bandima ya ngo te.

unapt = elakisi malamo te

unashamed = kozanga soni

unavailable = ezali te/moyen ezali te/possibilité ezali te.

unaware = eyebani te

unbearable = moyen ya kosupporter ezali te.

unbelief = kozanga ya kondima

unbribed =

kosombama te/okoka ko corrompre te.

unbutton = ezanga button

uncalled = kozanga kobenga

uncaught = kokangama te

unceasing = esilaka te

uncertain = kozala sure te

uncertificated =

kozanga
diplôme

unchecked=
kozanga

ko vérifier

unchristened =
non baptisé.

unchristian =
non-

Chrétien.

uncircumsized
= nanu

bakata mwana
mobali te

unclad =
motakala/nu

uncle = noko

unclean =
bosoto

unclaimed =
sans ko réclamer

unclose =
kofungula

unclothe =
kolongola
bilamba/nu

uncollected =
niongo

uncomfortable
= malamo te

uncommon =
rare

uncompleted =
nano

esila
te/incomplet

unconcealed =
ezali ya

kobombana
te/ouvert

unconscious =
ignorant

under = na se
ya ..

underbred =
mwana
mabe/mal élevé

underdone =
viande

ebeli te/saignant

undergarment
= ba sous
vêtements.

underground =
nzela ya
kobombana

undermost = ya
suka

penza/na mokila

underneath =
na se ya..

underpaid =
kofuta

mabe/mal payé

underpants =
ba caleçons

underprivilège =

pauvre/economie yafaible

understand = koyeba

undervalue = kokitisa

valeur (prix).

underwear = bilamba ya kati

underweight = kokona mabe

underwrite = kosigner po na kondima ko porter garant.

undeserved = kozanga ko meriter

undo = ko annuler/ ko défaire.

undisciplined =

kozanga discipline

undisclosed = ya

kobombana/

caché/anonym/

privé/secret

indiscoverable =

ekoka koyebana te/inconnu

indismayed =
sans kobanga

indisputed =

kozanga
kowangana

indistributed =

kozanga ko
kabola

individed =
ekabwana te

indivulged =
secret

undo = ko
fungola/défaire

undocumented
=

kozanga ba
papier/to
documents

undoubted = ya
solo

penza/certain

uneasily = na
pasi

uneducated =
kozanga/educatio
n.

unemployed =
kozanga mosala

unending =
esilaka te

unequal =
ekesani

unequivocal =
clair/ata foti
moko te

uneven =
ekokani te

unexciting =
ezali tinate

unexpected =
kaka ndenge
wana/imprévu

unexperienced
=

kozanga
xperience

unexpired =
tango ezali

nano/ezali
expirer te

unexpressed =

kobimisa
pwelele te/sous
entendu

unfair= malamo
te/ezali juste te.

unfaithful =

moto ya muto
likolo/infidèle

unfamiliar =
oyo koyebani

malamo penza
te .

321

unfasten = ko détacher ceinture/

kofungola boutton

unfed = nzala/kozanga bilei

unflagging = ya kolemba te/infatigable

unfold = ko fungola

unforbidden =

epekisama te

unforgettable = ekoka kobosana te

unforgiven = kozangabolimbi si

unfortunately =

malheureusement

unframed = kozanga cadre

unfriendly =

kozanga bolingo

unfurl = ko fungola

ungodliness =

kozanga koyeba
Nzambi

unite =
kosangisa

united = ya
kosangana

unkind =
kolakisa gentile
te

unnecessary =
ezali tina te

unlike =
ekokani te

unlikely =
ndenge

ya koyebela
ezali te

unlock = ya
kokangama te

unloved = ya
kolinga te

unmanageable
=

moyen yako

bongisa/ to
kodiriger ezali
te

unmannerily =
kozanga botosi

unmastered =

kozanga ya ku
maitriser

unmerciful =

kozanga mawa sans pitié

unmindful = kozala

muto likolo/sans souci

unmistakably = zali

clair/ya solo.

uneeded = ezali na tina te

unnegociable = ba

kakolaka te

unnumbered = ba

numero ezali te

unobtainable = ekoka

kozwama te

unorganized = kozanga

ya organization

unpaid = kozanga kofuta

unpaved = ezangi

pavement

unpleasant = malamo te

unpleasing =esengo te

malamo te

unprepared =
kozanga
préparation

unqualified =
mayele
te/incapable

unquestionable
= ya

solo penza/sans
doute

unquiet =
kozala na

mawa.

unreal = ezali
ya solo

te/ ezali réel te

unreliable =
okoka kotila
motema
te/manque ya

confiance

unrest = moyen
ya kolala ezali
te/insomnie

unscrew = vis
efungwami

unseen =
sans/kozanga

komonana

unseeing =
moto akufa

miso/aveugle

unsettle = kozala nanu fixé te/likolo-likolo

unsettled = likolo-likolo

unshaded = kozanga

ombre

unshaved = kozanga

kolongola, mandefu/raser

unshod = makolo ngulu

unsold = etekama te

unshut = ya kokanga te

unskilled = kozanga ya métier

unsound = ndenge ya mabe

unsought = sans que

baluka (moto to eloko)

unsown = kozanga

kolona (ku planter)

unspecified = kozanga

precision

likolo/indécis.

unspeakable = moyen

ya koloba ezali te (kokamwa.)

unspent = sans que **ezala dépensé**= ba simbi ya ngo te

unspoiled = ezali ya kobeba te

unspotted = ezanga litanga ya bosoto/sans tache.

unstable = muto

unstitched =

kofungwama (alamba)

unstained = ata litanga ya

bosoto te

unstamped = ezanga

timbre

unstrained = kozanga

ko filtrer

unsuccessful = ko zwa te/sans réussite

unsworn =
moto a preté
serment te

until = ti..ti
kuna

untruth = ya
lokuta

untutored =
zoba/ignorant

untwine =
désordre/

dérouler

untwist =
désordre/défaire

unwedded =
moto abala te

upon = likolo
ya wana

uprise =
kotelema

uproar =
mobulu **urgency**
= ya noki-noki

uriner = ko
suba

us = biso

usage =ndenge
ya

kosalela

use = kosalela

useful = ezali na
tina

usher = huissier

usually = ndenge

esalamaka/

habitude

uproot = ko déraciner

upside-down = motu na se, ko bouleverser

upstairs = na likolo

utilize = ko salela **utmost** = ya likolo penza

utter = ya monene

penza/vrai

utter = kobimisa (ex. un mot)

utterily = tout à fait,

complètement

upward = kotalisa likolo

uranium = uranium

V (vé) -lettre ya tuku na mibale ya alphabet

vancant = puelele/vide

vacation = vacances

vaccination = vaccination

vacuum = kotika pwelele

vacuum-cleaner = aspirateur.

vacabond = moto atambolaka pamba-pamba

vacabondize = kotambola pamba-pamba

vagina = parti ya nzoto ya mwasi/vagin

vague = vague

vain = lokuta

vainly = ya lokuta

valid = ko sala que

 ezala na valeur

valise = valis/sac ya voyage

valuable = kozala na

valeur monene

value =
talo,valeur prix

van = camion

vanguard =
avant-garde

vanish = ko
bunga

vantage
=avantage

vapeur =
mopepe/fumée

variation =
différence

vary = ko
changer

vast = monene
penza

veer= ko
changer
direction

vegetable =
ndunda

vehicle =
voiture

veil = voile

vein=mosisa
(veine)

velvet = velours

ventilate = ko
tia mopepe

venture =
aventure

venus = venus

verb = verbe/elobela

verdict = décision ya juge

verge = pembeni/bord

verify = verifier

verily = ya solo/en vérité

vermine = vermine

verse = verset (Bible)

versus = contre

vertebra = vertèbre

very = koleka

veto = ko pekisa

via = na nzela ya..

vicinity = pene-pene

vicious = mabe penza

victim = victime

victor = vainqueur

victory = victoire

view = komona/vue

viewer = batali /spectateur (trice)

viewing = examen, inspection

vigilance = ko zala

éveillé

viguor = makasi

vile = moto pamba/kozanga valeur.

villa = villa

village = village

vim = makasi

vinegar = vinaigre

violate = ko tosa

mibeko te

violence = mobulu

viper = nioka

vertue = valeur

visa = visa

visible = clair

vision = komona na

miso

visit = visite

visiting teacher = professor particulier

visitor = visiteur

visual = ko komisa visible

vital = ya bomoyi

vivid = komna mbala moko/éclatant

vocation = mosala, métier

voice = mongongo

void = vide

volcano = volcan

voltage = voltage

volunteer= kopesa misala ya kofuta

te/charité/ndenge moto alingi/volontaire.

volume = volume

vomit = kosanza

vote = vote

vulgar = mabe

vulgarity= oyo etali biloko ya mabe

vulgarize = ko rendre na ndenge ya mabe

vulnerability = oyo ekoki ko zokisa

vulnerable = oyo ekoki kozokisa/kozwa probleme

vulture = mobomi

W (double vé)

waddle =

kodenda/

balancer

wade= kotambola ya pasi/malembe penza

waffle = gaufre

waft, v. = kotindika na ndenge ya mopepe/koya-to

kokende/kotinda liboso to sima

wag = ko miningisa

bipai na bipai/farceur/ agiter

waggery = kosakana/blague

wages = mosolo ya mosala/salaire

waggle = koningisa

wagon = wagon/chariot

waif = moto pamba/

azangi place ya kofanda

wail = kolela/kose lamenter

waist =

loketo/mokaba/ ceinture

wail = ko se lemanter

waiter = boyi ya

restaurant (ya mobali)

waiting = kozela

waiting-room =sale ya kozelela

waitress = boyi ya

restaurant (ya mwasi)

waive =

kolongola/

écarter

ko considerer te

wake = ko lamoka na

pongi

wakeful = kozala

éveiller/kosala attention

wakefully = sans

kolala

wakefullness =

kozanga ongi/Insomnie

waken = ko se

réveiller

waker = moto oyo

alalaka te.

waking = réveil/ éveillé

Wales = mboka ya

bato ya Galles.

walk =
kotambola na
makolo

walk in =
kokota

walk out =
kobima

walk up = ko
buta

walk after =
kolanda

walk away =

komikendele/

partir

walk down =
kokita

walk into =
kokota na

**walk up and
down** =

kobuta pe kokita

walk the plank
=

ko sauter ba pas
pas

walk the streets
=

kotambola
nabala-bala

(ex. we walked
thirty)

miles = tobetaki makolo ba miles tuku misato).

go out for a walk = ko kende ku se promener.

to take a walk =

kosala tour na makolo

walker = motamboli

/promeneur

walkie-talkie =

émeuteur-

recepteur portatif

walking = kotambola

na makolo /promenade.

walking-stick = Canne

wall = mur

walling = maçonnerie

ya murs.

wand = baton

wander=ko tambola

pamba-pamba

wanderer =

kotambola sans tina ko vagabonder.

waning =

kokita/kokweya

want = kolinga

want = ba besoin/pauvreté

war = etumba

wars = bitumba

ward =

salle/

arrondissement/

ya ville

warden = gardien/

gouverneur/

recteur

warder = gardien ya

boloko

warehouse =

entrepôt

warehouse = ko tia na magasin/

entreposer

warfare = bitumba

(total warfare = bitumba penza)

warm = moto

warming = chauffage

warn = ko yebisa/averter

warrant = autorisation/

garantie

mandate d'emener

warrior = soldat

Warsaw = Varsovie

wash= kosokola

washing = lavage

washing-machine = machine à laver

Washington = capitale ya Amérique.

waste = kosala ba

dépense ya

pamba/

gaspillager

waste-paper basket =

kitunga ya
kobwaka ba

 papier ya
pamba

watch = montre

watcher =
surveillant

water = mayi

waterless =
ezanga mayi
water-bed =
matelas ya mayi

water-bottle =
bidon/ bouillotte

watercourse =
canal

water-cure =
hydrothérapie

water-drinker
=

momeli mayi

water meter =

compteur ya
mayi

water-engine =

machine ya
mayi/ machine

hydraulique

waterfall =
chute ya mayi

watering = ya
sopela

mayi/arrossage

water-level = niveau

 ya mayi

water-pipe =

tuyau ya mayi

water-pot = pot ya mayi

waterproof = impermeable

water-supply = distribution ya mayi

water-tank = reservoir ya mayi

watt= watt

wave = ba vague

wave-length = longueur d'ondes.

waver = ko zala sur te

waverer = moto oyo a hesitaka

wavering = hesitation

wax = cire (sapato)

wax-candle = bougie

wax-light =bougie

waxwork = mosala ya ba cire.

way = nzela

way-bill = feuille de

 route

waylay= ko guetter

way-leave = droit ya

passage

wayless = kozanga nzela

wayside =

pembeni na nzela

wayward = ezanga control/to obéissance

we = biso

weak = kozanga makasi

weaken = kokomisa faible

weak-headed = moto

ya faible.

weak-kneed = azanga courage.

weak-minded = esprit ya faible.

weakness = faibless

weak-sighted = vision faible.

weal = biloko, ba bien the public weal =

biloko ya L'Etat.

wealth = bomengo

weapon = monduki

wear = kolata

wearing = ko lemba na ndenge moko ya mabe.

weary = kolemba/energy nionso esili.

weather = tango

(mbula to moyi).

weather-report = bulleting etéologique.

web = toile d'araignée

wed = kobala

wedding = kobalana

wedlock = marriage

Wednesday = mokolo ya misato.

wee = ya mokelekete

(ex: a wee bit or a wee mite. a wee).

wee drop = eloko yamokelekete/une goutte/kamwa kopo ya moke.

weed = ba herbe ya

mabe/na jardin.

weeder = molongoli ya ba herbe mabe.

weeding = sacleur

week = poso

weekday = mokolo

ya mosala

week-end = suka ya poso

weep = kolela

weigh = ko tia na

kilo/ko peser

weight = kilo

weird = ndenge

penza/étrange

welcome = koya
ya

malamo/bien
venu

weld = ko
souder/reparer

welfare = bien-

être/social

well =
puits/reservoir

well-spring =
source ya mayi.

well = ko zala
na santé
malamo.

well-bred =
bien élevé.

well-informed
=

kuvanda na ba
renseignement
ya vrai/bien
informé.

well-known =

koyebana
malamo/moto

monene oyo
ayebana.

well-mannered
= kuvanda na

comportment ya malamo.

well-matched =
ba kokani (bato, to biloko oyo ekokani kitoko).

well-meaning =
namotema moko

well-read (wel-reud) = moto azali bien instruit.

well-spoken =

moto alobaka malamo

koleka/bonne alocution.

well-timed =
bien à propos.

well-trained

= bien entrainé.

well-watered =

basopelaka yango mayi malamo.

well-wisher =
fan/admirateur

well-worn =
yakala mingi/ ya vieux

west = ouest, occident

western = ya uest/occidental.

wet = ezali ya kopola na mayi, to liquide

wetness= mayi-mayi

wettish = mwa mayi

whack = kubeta coup ya makasi koleka.

what = nini?

whatever = oyo nionso.

wheel = guidon/roué/Volant/engrenage

two-wheeled = eloko oyo ezalaka na valeur ya chiffre 2./ naba roué mibale/groupe ya

wheeze = ku respirer/en siflant

when= ndenge nini?

where = epai wapi?

which = oyo wapi?

while = na tango ya/pendant..

whine = ku se plaindre

whip = fouet

whirl = kubalula/ ku faire

tourner

whosoever = moto nionso

whisper = kutuba malembe

whistle = ko sifler

whistling =sifflement

white = pembe

whiz = siffler

whizzing =siflement

who = nani?

whole = mobimba

whole-hearted =na ntima mosi/de tout cœur.

whole-heartedly = na na ntima mosi.

wholeness = na kieleka yonso/intégrité.

wholesale = kosomba to kotekisa biloko ebele na mbala moko/grossiste.

wholesaler = grossiste

wholly = mobimba/entierè ment..

whore = ndumba/moto oyo atekisaka nzoto na ba rapport sexuel.

why = po na nini?

wicked = mabe

widen = epanzana

ide-awake = bien-éveillé

widely = largement,

lien (ex. widely

known = bien connu

wide-mouthed = munoko ya kofungula

wide-open = ya

kofungwama penza

wide-spread = ya kopanzana/

universel

widow = bakala mene kufwaka

widower=nkento mene kufwaka.

wife = nkento

wild = sans maniere/sauvage

wilderness = desert

width = molayi

wield = ya kosalila

willful = kosala na bolingo ya yo moko.

will = na bolingo/volonté

willingness = na

bolingo/bonne volonté.

wind = mopepe

winded = pema

nkufi/discours

windy = mupepe

wings= mapapo ya (ndeke)

Windhoek = capital ya Namibai

wink = na lisu moke/clin d'oeil.

(not to sleep a wink = mono mene kukanga ata disu ve na mpimpa ya mvimba.)

winking = clignotement ya lisu

winner = moto oyo azui/réussir

winter = hiver (saison ya malili naba pays occidentaux).

wiper = essuie-main

wire = nsinga metalique (fer).

wireless = sans fil/kozanga singa.

wisdom = mayele/sagesse

wise = mayele

wisely = na ndenge, ya mayel

wish = souhait

wishy-washy = faible, pauvre.

wisp = eloko ezali na suki ya kotonga/tas ya esobe

wit= esprit (ya mbote)/comic

witch = ndoki

withdraw = kolongola

wither = kokawoka

within = na kati

without = sans

withstand =ko kangela motema/resister

witness = témoins

wizard = ndoki/magician

woe = mawa pasi/Malheur

wolf = niama/loup

woman = mwasi

woman-hater = ennemi ya basi

womanlike/womanly = ndenge ya basi

womanhood = état ya mwasi

womanish = kozala

lokala mwasi/efféminer

womb = matrice

wonder = kokamwa

wonderful = malamo

wondrous = merveilleux

won't/will not = negative ya v. want/kolinga te

woo = kotia litoyi/baratiner

wooer = amoureux

wood = zamba/libaya

woodcut/ wood-engraver

= kusonika na zulu ya dibaya

wooden = eloko salamina nzete.

woodless = kozanga zaba

woodman =
garde-

forestier

wood-pile = tas
ya

bois.

wood-screw = vis
ya libaya

woodwork =
mosala

ya
abaya/menuserie

wool = laine

woollen = eloko
salami na materiel
ya laine

woolwork =
tapisserie

word = mot

wording =
expression

work =
mosala/travail

wrought =
kosala/kuopérer

workaday = ya
tous les jours

worker = moto
ya mosala

work-fellow =
collègue

wow =
kokumisa

workhouse =
centre ya
pauvre/charité

.working =
action ya kosala

working-class =
ba ouvriers

working-day =
jour

ouvrable

workman =
muntu ya
kisalu/ouvrier.

workmanship =
mosala/ouvrage

work-room =
atelier

work-shop =
atelier

work-table =
mesa ya mosala

world = mokili

wordly = ya
mokili

wordly-minded
= makanisi ya
mokili oyo

wordwide =
universel

worm = mosopi

worry =
komipesa
pasi/souci

worse =
mabemingi

worship =
kusiamisa

worshipping =
adoration

worsen = ko
kumisa mabe
kolela.

worst = ya mbi
penza

worthless =
sans valeur

worth-while=
ya mfunu
penza/vaut la
peine

worthy = eloko
ya valeur/digne

would = v. to
want na temps
conditionel/ko
linga eloko

wound =
pota/blessure/

eloko/

likambo/ko
kamwa na
ndenge ya
malamo pe ya
mabe.

wrack =
ruine,debris

wrangle =
koswana/

wrangler =
kobundisa

wrap =
kokanga/ko

rouler

wrap-around =

ku kanga lokola
liputa.

wrapper =
couverture/

peignoir

**wrapping
paper** = papier
yakukangela/

emballer

wrath= makasi

ex. divine
retribution =

colère ya
Nzambe.

wrathful = na
ndenge

ya kanda ya
makasi

wreak = ku se
venger/ ko
exprimer kanda
to haine. . Eloko
nionso oyo
esalaka ba
destruction.

wreath = chaine
ya

fleurs/tresse (ex.
Hawaii)

wreathe (wri-the)
(v.) = kosalisa
chaine ya bafleur
po nakolata na
kingo. to bouquet
monene, po na
kotia (koposer na
esika likambo
monene
esalamaki, to sika
moto monene -

akundamaki) po
na
commemoration
ya moto monene.

wreck = biloko
ya mabe/ya
kobeba/ba
ruine/débris.

wreckage = ba
debris

wrecker-car =
voiture

ya dépannage

wrench =
kusala entorse
(lokolo)

wrest = kozwa
control ya moto/ ko
benda ye na
makasi/kokamata
eloko na makasi/ko
changer likambo na
ndenge mosusu.

wrestle = ko
bunda/lutter

wriggle = ko
mikotisa na
mayele.

wring = ku
tordre

wrinkle = ba ride/konuna

wristband = bracelet/ya loboko/singa

wrist-watch = montre/bracelet

writ (rit) = mokanda ya convocation/ordre ya tribunal po na

kosenga moto soit asale eloko esengami

to atika kosala oloko oyo basengique a stopper.

Holy writ = Ecriture Sainte

write = kokoma

write-off = ko annuler

writer = mokomi écrivain

writhe = ko se tortiller

written = oyo ekomama

wrong = mabe

wrongdoer = moto

asalaka mabe

wrongdoing = comportement ya mabe

wrongful = injustice

wrong-headed = moto ya motema mabe

wroth = na makasi koleka.

wry = na mupanzi, moquerie-ex. a wry grin = koseka na ndenge ya ko tshola

X (eks) letter ya tuku mineyi ya alphabet

Xmas/Christmas = Noël

x-ray = Radiographier

Y (wai) letter ya tuku mitano ya **alphabet**

yam = mbala

yank = kobenda noki

Yankee =Yankee, Americain

yap = ko aboyer

yard = mesure

yard = 0.91438 m

yarn = singa ya ko tricoter

yatter = ku solola

yawn = ko bailer

ye/you= vous =bino

yea = kondima/oui/eh!

year = mbula

year-book= mokanda annuaire

yearling = mwana ya mbula moko

yearly = ya mbula nionso/annuel

yearn = ko zala na posa monene yako sala eloko

/désir ardent

yeast = levure

yell = koganga

yellow = jaune

yellowish = jaunatre

yes = eh/oui

yesterday = lobi

yester-night = na butu ya lobi

yestreen = lobi na butu

yet = nano

yield = kopesa/koprodui re

yielding = kopesa facilement

yolk = jaune d'eouf/kati ya

liaki oyo ya jaune.

yore = na tango ya kala

you = yo

young = mwana moke/jeune

youngest = leki ya moke penza

your = ya yo

youth = jeunesse

yourself = yo moko

yowl = ko ganga/hurler

yucca = yucca = manioc

monene ndenge moko oyo babengaka (Signes ya zodiac)

Z (zi) **letter ya tuku motoba ya** alphabet

Zomba (zom-ba)= capitale ya Malawi

Zambia (zam be –a) = Zambie

zeal = esengo, na makasi ya ko

continuer

zodiac (astronomy) = passage/nzela ya soleil/lune na ba planets principaux elekaka na likolo. Ba scientist bakabolaka yango na

zebra = zebra (niama)

zenith = zenith = point culminant

zephyr=zephyr

bapartiesto biteni zomi na mibale na

Zeus = Zeus

zero = zero

zest =
elengi/piquant

zigzag=zigzag =
ndonga ya

kutengama/gauc
he/droite

zinc = zinc

zipper =
fermeture éclair

Zion = Sion
(mwa ngumba
na mboka ya
Jerusalem)

zone = zone

zoo = sika ba
tiaka ba niama ya

zamba po
kosalela yango ba
étude/jardin
zoologique

zoologist =
zoologue

mosala ya ba
niama

zoology = étude
scientifique ya ba
niama.

Zulu = ekolo ya
Afrique du Sud

P H O N E T I C S of the letter N before the following consonants	
G, K, J, S, T, Z	
PRONUNCIATION IN LINGALA	
NGO strength	Ehn –go lo =
NKA lah =crab	ehn –ka –
NSA = feathers	ehn-sa – lah
NTA = time	ehn – ta-ngu
NZA	ehn – za –l

LINGALA PHONETIC – PHONETIQUE YA LINGALA

PHONETICS of the letter M before consonants P et V	
Mpa	uhm – pa
Mpe	uhm- pe
Mpo	uhm-po
Mpi	uhm-pi
Mpu	uhm-pu
Mvu	uhm –vu

LINGALA PHONETICS - PHONETIQUE YA LINGALA

VERBES YA LINGALA= ENGLISH VERBS

kobima   to get out/go out

kobebisa =   to spoil/indulge/mess up

Kobela   to get sick

Kobeta   to strike/spank/smack

Kolia =   to eat/consume/devour

Kolala =   to sleep/snooze/nap/doze

Kodongola   to give a dirty look

Kolakisa =   to teach/educate/edify/train

Kolata =   to dress (up)

Kokima =   to run/run away

Kokenda =   to go/to depart/exit/leave

VERBES YA LINGALA= ENGLISH VERBS

Kofanda =   to seat/sit down/be
seated

Kokoma =   to arrive/enter/appear

Kokoma   to
write/inscribe/engrave

Kokata =   to cut /slash/slice

Kolinga =   to love/adore/worship

Koloba =   to talk/say /speak/state

Koluka =   to look for/to

search/to seek

Komeka =   to
try/attempt/endeavor/strive

Kosala =   to work

Kosamba =   to
pray/implore/plead/beg

VERBES YA LINGALA= ENGLISH VERBS

Kosambisa =   to judge

Kosanola =   to comb/untangle

Ko tala =   to look at/view/watch

Ko tambola   to walk/stride/thread

Kotata.=   to /whine/carp

Kotanga =   to complain /read/
Kososola   to explain/clarify

     to elucidate

Kosokola =   to take

     bath/to wash

Kosokola =   to clean/wash

Kotelema =   to stand/rest

     to stituate

VERBES YA LINGALA= ENGLISH VERBS

Kotobola   to pierce/

                                 perforate

Kotombola=   to lift

Kotuna/koyeba...........to judge

Koyeba   to know

Koyemba =   to sing/chant

Koya =   to come/arrive/

Kozipa   to cover/

                                 envelope/face

CONJUGATION OF VERBES

CONJUGAISON DES VERBES

TO COME   KOKENDE (koh-kan-day)

Present tense	**Na tango oyo**
I come	Ngai na ye (nah-ya)
You come	Yo oye (oh-ya)
He comes	Ye aye (ah-ya)
She comes	Ye aye (mwasi)
We come	Biso toye (toh-ya)
You come	Bino boye (boh-ya)
They come	Bau kwisa

CONJUGATION OF VERBS

CONJUGAISON DES VERBES

TO COME	KOKENDE (ko-ya)
Future tense	**Na tango ekoya**
I will come	Ngai na koya
You will come	Yo okoya
He/she will come	Ye akoya
We will come	Biso toko ya
We shall come	Biso tokoya
You will come	Bino boko bokoya
They will come	Bango bakoya

CONJUGATION OF VERBES

CONGUGAISON DES VERBES

TO COME   KOYA (Koh-yah)

Past tense   Temps passé-composé

I have come   Ngai nayaki

You have come   Yo oyaki

He has come   Ye ayaki

She has come   Ye ayaki

We have come   Biso toyaki

You have come   Bino boyaki

They have come   Bango bayaki

CONJUGATION OF VERBS

CONJUGAISON DES VERBES

TO GO	KOKENDE (koh-kan-day)
Present tense	**Na tango oyo**
I go	Ngai nakei
You go	Yo okeyi
He	Ye akeyi
She goes	Ye akeyi
We go	Biso tokeyi
You go	Bino bokeyi
They go	Bango bakeyi

CONJUGATION OF VERBS

CONJUGAISON DES VERBES

TO GO	KOKENDE
Future tense	**Na tango**
I shall go	Ngai na kokende
I will go	Ngai nakonde
You will go	Yo okokende
He will go	Ye akokende
She will go	Ye akokende
We shall/will go	Biso toko kende
You will go	Bi boko kende
They will go	Bango bako kende

CONJUGATION OF VERBS

CONJUGAISON DES VERBES

TO GO   **KOKENDE (koh-ken-de)**

Past tense   **Temps passé-composé**

I have gone   **Ngai nakendeki**

You have gone   **Yo okendeki**

He has gone   **Ye akendeki**

She has gone   **Ye akendeki**

We have gone   **Biso tokendeki**

You have gone   **Bino bokendeki**

They have gone   **Bango bakendeki**

CONJUGATION OF VERBS

CONJUGAISON DES VERBES

TO TALK	**KOLOBA (kootooba)**
Present tense	**Na tango oyo**
I talk	**Ngai nalobi**
You talk	**Yo olobi**
He talk	**Ye olobi**
She talk	**Ye alobi**
We talk	**Biso tolobi**
You talk	**Bino bolobi**
They talk	**Bango balobi**

CONJUGATION OF VERBS

CONJUGAISON DES VERBES

TO TALK	***KOLOBA (koh-loh-bah)***
Past tense	***Temps passé-composé***
I have talked	*Ngai nalobaki*
You have talked	*Yo olobaki*
He/She has talked	*Ye alobaki*
We have talked	*Biso tolobaki*
You have talked	*Bino bolobaki*
They have talked	*Bango bakoloba*

SUBJECT PRONOUNS/or PERSONAL PRONOUNS

PRONOMS PERSONELS

ENGLISH	LINGALA
I	NGAI (uhn-gah-ye)
YOU	YO/THEE
HE/SHE	YE
WE	YOU BINO (be-noh
YE	BINO (respect)
THEY	BANGO (bahn-go)
IT	YANGO (Yan-go)

DEMONSTRATIVE PRONOUNS

PRONOM DEMONSTRATIF

ENGLISH	LINGALA
THIS	OYO
THAT	WANA
THESE	BILOKO
	OYO
THOSE	BILOKO WANA

INTERROGATIVE PRONOUNS

PRONOMS INTERROGATIFS

ENGLISH	**LINGALA**
WHO ?	NANI ?
WHAT?	NINI?
WHICH WAPI?	OYO
WHICH ONE? WAPI?	OYO
WHICHEVER! NIONSO	OYO

PRONOMS POSSESSIFS

POSSESSIVE PRONOUNS

ENGLISH	LINGALA
MINE	YA NGAI
	(yah uhn-gah-ye)
YOURS	YA YO
	(yah-hoh)
HIS (mobali)	YA YE
HERS (mwasi)	YA YE (
ITS	YANGO
	(eloko)
OURS	YA BISO
YOURS	YA BINO
THEIRS	YA BANGO

REFLEXIVE PRONOUNS

PRONOMS REFLEXIFS

ENGLISH	LINGALA
Myself moko	Ngai
Yourself	Yo moko
Himself	Ye moko
Herself (mwasi)	Ye moko
Ourselves	Biso moko
Yourselves mono	Bino
Themselves moko	Bango

RELATIVE PRONOUNS

BA PRONOMS RELATIFS -ETALI REFERENCE

ENGLISH/FRANÇAIS/LINGALA

Whom	dont	Moto wana to zalaki koloba
(réf.)		
Of whom	dont	ya moto wana to zalaki kolobela
Which	dont	eloko oyo wana to lobaki
Of which	dont	oyo wana to
Whose	dont	ya songolo
What	ce dont	oyo ya
That of which	: ce don't	oyo wana
	ce que	oyo wana

There are 54 African countries: Afrique ezali na ba mboka 54.

The globe has 7 Continents : Na mokili ba continents ezali 7. -Africa, Antarctica, Asia, Australia, Europe, North America (Amérique ya Nord, and South America (na Amérique ya Sud.

There are 49 european countries: Europe ezali na ba mboka 49 (Russia/ la Russie?

European countries are smal in size. Ba mboka ya Europes ezali mike mike par rapport ya ba mboko ebele ya Afrique.

There are about 51 countries in Asia: Asie ezali na environ 51 mboka.

COUNTRIES/LES PAYS/MBOKA /CAPITALES /LES GRANDES VILLES :

A

Afghanstan	Kabul
Albania/Albnie	Tirana
Andorra	Andorra la
Vella	
Angola	Luanda
Antigua and Barbuda	St. John's
Argentina	Buenos
Aires	
Armenia	Yerevane
Australia/Australie	Canberra

COUNTRIES/LES PAYS/MBOKA
/CAPITALES /LES GRANDES VILLES :

Big cities/villes Sidney,
Melbourne, Brisbane, Phern,

Austria/Autriche Vienna/Vienne

Azerbaijan Baku

B

Bahamas Nassau

Bahrain Manama

Bangladesh Dhaka

Barbados Bridgetown

COUNTRIES/LES PAYS/MBOKA
/CAPITALES /LES GRANDES VILLES :

Belarus	Minsk
Belgium/Belgique	Brussels
Belize	Belmopan
Big cities/grndes villes Town, Dagriga	Corozal
Benin Novo	Porto-
Big cities/grndes villes	Cotonou
Bhutan	Timphu
Bolivia	Sucre
Big cities/villes *Santa Cruz,*	*La Paz,*

COUNTRIES/LES PAYS/MBOKA
/CAPITALES /LES GRANDES VILLES :

B

Bosnia & Herzegovina	Sarajevo
Botswana	Gaborone
Brazil	Brazilia

Big cities/villes *Sao Paolo City, Rio de , Janeiro, Salvador,*

Brunei Seri Bagawan	Bandar
Bulgaria/Bulgarie	Sofia
Burkina Faso Ouagadougou	

COUNTRIES/LES PAYS/MBOKA
/CAPITALES /LES GRANDES VILLES :

Burma (Pyinmana)	Naypyidaw
Big cities/villes	*Yangon Mandalay*
Burundi	Bujumbura
Cambodia	Phnom Phn
Camroon	Youndé
Canada	Ottawa ,Toronto, Montreal,
Big cities/villes *Calgary*	*Vancouvert,*
Cape Verde	Praia

COUNTRIES/LES PAYS/MBOKA /CAPITALES /LES GRANDES VILLES :

Central African Republic	Bangui
Chad	N'Djamena
Chile	Santiago, Valparaiso
Big cities/villes *Greater Concepcion, Greater*	
China/Chine	Beinjing
Big cities/grndes villes	Shanghai
Colombia	Bogota
Comoros	Moroni

COUNTRIES/LES PAYS/MBOKA
/CAPITALES /LES GRANDES VILLES :

Congo,

Democratic of the/Congo RDC   Kinshasa

Big cities/grndes villes   *Lubumbashi,*

Congo, Republic of the…   Brazzaville

Costa Rico   San Jose

Croastia   Zegreb

Cuba   Havana

Cyprus   Nicosia

Czech Republic   Prague

COUNTRIES/LES PAYS/MBOKA /CAPITALES /LES GRANDES VILLES :

Denmark	Copernhagen
Djibouti	Djibouti
Dominica	Roseau
Dominican Republic	Santa Domingo

E

East/Timor	Dili
Ecuator	Quito
	Guayaquil
Egypte	Cairo/Caire
El Salvador	San Salvador

COUNTRIES/LES PAYS/MBOKA
/CAPITALES /LES GRANDES VILLES :

Equatorial Guinea/	
Guinée Equatorial	Malabo
Eritrea	Asmara
Estonia	Tallinn
Ethiopia/Ethiopie Ababa	Addis

F

Fidji	Suva
Finland	Helsinki
France	Paris

COUNTRIES/LES PAYS/MBOKA /CAPITALES /LES GRANDES VILLES :

G

Gabon	Libreville
Gambia/Gambie	Banjul
Big cities/grndes villes	Serekunda
Georgia	Tbilisi
Germany/Allemagne	Berlin
Ghana	Accra
Greece	Athens
Grenada	St.
George's	

COUNTRIES/LES PAYS/MBOKA /CAPITALES /LES GRANDES VILLES :

Guatemala	Guatemala City
Guinea/Guinée	Conakry
Guinea-Bissau	Bissau
Guyana	Georgetown

H

Haiti	Port-au-Prince
Honduras	Tegucigalpa
Hungary/Hungrie	Budapeste

COUNTRIES/LES PAYS/MBOKA /CAPITALES /LES GRANDES VILLES :

India	New Dehli
Iran	Tehran
Iraq	Bagdad
Ireland	Dublin
Israel	Jerusalem
Italy	Rome
Ivory Coast	Yasmoussoukro/ Abidjan

Big cities/grndes villes *Abidjan*

COUNTRIES/LES PAYS/MBOKA
/CAPITALES /LES GRANDES VILLES :

J

Jamaica	Kingston
Japan	Tokyo
Jordan	Amman

K

Kazakhstan	Astana
	Almaty
Shymkent	
Kenya	Nairobi
Karibati	South/Sud
Tarawa	

COUNTRIES/LES PAYS/MBOKA /CAPITALES /LES GRANDES VILLES :

Korea/Corée, Nord	Pyongyan
Korea/Corée, Sud	Seoul
Kuwait City	Kuwait
Kyrgyzstan	Bishkek

L

Laos	Vientiane
Latvia	Riga
Lebanon/Liban	Beirut

**COUNTRIES/LES PAYS/MBOKA
/CAPITALES /LES GRANDES VILLES :**

L

Losotho	Maseru
Liberia	Monronvia
Lybia/Lybie	Tripoli
Liechtenstein	Vaduz
Lithuana	Vilnius
Luxemburg	Luxembourg City

COUNTRIES/LES PAYS/MBOKA /CAPITALES /LES GRANDES VILLES :

M

Macedonia, Republic	Skopje
Madagascar	Antananarivo
Malawi	Lilongwe
Malyasia/Malaysie	Kuala Lumpur/
Putrajaya	
Maldives	Malé
Mali	Bamako

COUNTRIES/LES PAYS/MBOKA /CAPITALES /LES GRANDES VILLES :

M

Malta   Valleta

Big cities/villes Birkikara, Mosta, St. Paul's Bay, Rabat

Marshall Islands   Majuro

Mauritania/Moritanie   Nouakchott

Mauritus   Port Luis

Mexico   Mexico City

Micronesia   Palkir

Big cities/grndes villes   Weno

COUNTRIES/LES PAYS/MBOKA /CAPITALES /LES GRANDES VILLES :

Moldova	Chisinau
Monaco	Monaco
Mongolia	Ulan Bator
Montenegro	Podgorica
Morocco/Maroc	Rabat
Big cities/grndes villes	Casablanca
Moscow	Moscow
Mozambique	Maputa

COUNTRIES/LES PAYS/MBOKA /CAPITALES /LES GRANDES VILLES :

N

Namibia/Namibie	Windhoek
Nauru	Yaren
Big cities/grndes villes	*Dingomodu,*
	Menenk, Aiwo
Nepal	Kathmandu
Netherland Hague	Amsterdam/The
New Zealand	Wellington
Big cities/grndes villes	*Auckland,*
	Christchurch

COUNTRIES/LES PAYS/MBOKA /CAPITALES /LES GRANDES VILLES :

N

Nicaragua	Managua
Niger	Niamey
Nageria/Nigeria	Abuja
Big cities/grndes villes Ibadan, Kano, llorin,	Lagos,
Norway/Norvege	Oslo

O

Oman	Muscat

COUNTRIES/LES PAYS/MBOKA
/CAPITALES /LES GRANDES VILLES :

P

Pakistan	Islamabad
Palau	Ngerulmud

Palestine

 State ofJerusalem/Gaza City,WestBank/

Ramallah

Panama	Panama City

Papua New Guinea/

Nouvelles Guinée	Port Moresby
Paraguay	Asuncion

COUNTRIES/LES PAYS/MBOKA
/CAPITALES /LES GRANDES VILLES :

P

Peru	Lima
Phillpines	Manila
Poland/Pologne	Warsaw/Varsovie
Portugal	Lisbon

Q

Quatar	Doha

R

Romania	Bucharest
Rwanda	Kigali

COUNTRIES/LES PAYS/MBOKA /CAPITALES /LES GRANDES VILLES :

S

Saint Kitts and Nevis	Basseterre
Saint Lucia	Castries
Saint Vincents and the GrenadineKingstown	
Samoa	Apia
San Marino Marino	San
Big cities/villes	*Serra Valle*
Borggo Maggiore	
Sao Tomé and Principe	Sao Tomé
Saudi Arabia	Riyadh

COUNTRIES/LES PAYS/MBOKA /CAPITALES /LES GRANDES VILLES :

Senegal	Dakar
Serbia	Belgrade
Seychelles	Victoria
Sierra Leone	Freetown
Singapore	Singapore
Slovakia	Bratislava
Slovenia	Ljuijana
Solomon Island	Honiara
Somalia/Somalie	Mogadishu

COUNTRIES/LES PAYS/MBOKA /CAPITALES /LES GRANDES VILLES

South Africa   Pretoria/Cape Town,

Big cities/villes   Bloemfontein,
Johanesburg, Durban

South/Sud Sudan   Juba

Spain   Madrid

Sri Lanka   Sri
Jayawardenepura

Big cities/grndes villes   *Colombo*

Sudan   Khartoum

Big cities/grndes villes
     Omdurman

Sweden/Swede   Stockhol

COUNTRIES/LES PAYS/MBOKA /CAPITALES /LES GRANDES VILLES

S

Switzerland/Swisse	Bern
Big cities/grndes villes *Geneva, Basel, Lausann*	*Zurich,*
Syria/Syrie	Damascus
Big cities/grndes villes	Aleppo
Tajikistan	Dushambe
Tanzania/Tanzanie	Dodoma/
	Dar es Salaam
Big cities/villes	*Dar es Salaam, Mwanza*

COUNTRIES/LES PAYS/MBOKA /CAPITALES /LES GRANDES VILLES

T

Thailand	Bankok
Togo	Lomé
Tonga	Nuku alofa
Trinidad and Tobago	Port of
Spain	

Big cities/villes *San Fernando, San Juan*

Tunisai/Tunisie	Tunis
Turkey/Turqui	Ankara
Big cities/villes	Istambul

COUNTRIES/LES PAYS/MBOKA /CAPITALES /LES GRANDES VILLES

Turkmenstan	Ashgabad
Tuvalu	Funafuti

U

Unganda	Kampala
Ukraine	Kiev
United Arab Emirates	Abu Dhabi
Big cities/grandesvilles *Sharjah*	*Dubia,*

COUNTRIES/LES PAYS/MBOKA
/CAPITALES /LES GRANDES VILLES

U

United Kingdom   London/Londres

Angleterre -

Big cities/ grandes villes *Westminster*

United States of America Washington/DC.

Big cities/ grandes villes *New York,
Los Angeles*, Chicago, Houston,
*Philadelphia Phoenix, Santa
Antonio,San Diego, Dallas, San Jose,
Austin, Indianapolis, Jacksonville,*

San Francisco, Forth Worth, Detroit,

Charlotte,Detroit, El Paso, Memphis,

COUNTRIES/LES PAYS/MBOKA
/CAPITALES /LES GRANDES VILLES

USA Big cities/ grandes villes (CONT')

Boston, Seattle, Denver,

Uraguay	Montevideo
Uzebekstan	Tashken

V

Vanuatu	Port Villa
Vatican City/Vatican City	Vatican
Venezuela	Caracas

COUNTRIES/LES PAYS/MBOKA /CAPITALES /LES GRANDES VILLES

V

Vietnam   Hanoi

Big cities/ grandes villes: *Ho Chni Minh City*

Y

Yemen   Sana

Z

Zambia   Lusaka

Zimbabwe   Harare

The French speaking African countries follow the French system of weights and measures.

Metric System	Poids et Mesures
Length	Longuers
Area	Surfaces
Cubic measure	Volumes
Capacity	Capacité
Weight	Poids (kilo)

Poids de Troyes (mesure ya ba pierres précieuses)

Measures   ## Mesures

Square measure   Mesure ya Surface

Cubic measure   Mesure ya Volume

Capacity measure   Mesure ya Capacité

Weight measure   Mesure de Poids

Temperature   Température (ba

degré)

Mesure de Longueur Linear Measure

1 millimetre =	0.039 inch
1 centimetre = 10 ml	0.394 inch
1 décimetre = 10 cm	3.94 inch
1 mètre = 10 dm	1.094 yards
1 décametre = 10 m=	10.94 yards
1 hectometres = 100 m = 1km=1,000 m	06214 mile

Mesure de Surface   Square measure

1 cm2   0.155 square inch.(sq.
inch.)

1 m2   1.19.6 sqaure yards

1 are = 100 m2   119.6 sqaure yards

1 hectare=100 are   2.471 acres

1 km2   0.386 square mile

Mesure de Volume   Cubic measure

1 cm3   0.061 cubic inch.

1 m3   1.308 cubic yards

Mesure de capacité   Capcity measure

1 mililtre	0.002 pint
1 centiletre=10 ml	0.021 pint
1 decilitre =10 cl	0.211 pint
1 littre =10 dl liquid quarts =0.908	1.057 dry quarts
1 decalitre = 10 litres	2.642 gallons
1 hectolitres =100 litres	26.42 gallons
1 kiloliter = 1,000 liters	264.25gallons

Mesure de Poids   Weight

1 miligram	0.015 grain
1 centigram = 10 miligrams	0.154 grain
1 gram = 10 decigras	0.0353 ounce
1 decagram= 10 gram	0.353 ounce
1 hectogram =100 grams	0.22 pounds
1 kilogram =1000 grams	2.205 pounds
1 metric ton =1000 kilograms	2205 pounds

TEMPERATURE

0 centigrade freezing water =   32 Fahreneit

37 centigrade human body=   98.4 Fahreneit

40 centigrade fever=   104 Fahreneit

100 centigrade -boiling water = 212

Fahreneit

TRADUCTION YA TEMPERATURE NA LINGALA

0 centigrade **malili ya glace =**   **32 F**

37 centigrade degré/ moto ya nzoto   98.4 F

40 centigrade   nzoto ekomi na fièvre   104 F

100 centigrade –kotoka ya mayi =   212 F